20

PROPOS
D'UN SANS-PATRIE

Du même auteur

GÜNTER GRASS

PROPOS D'UN SANS-PATRIE

TRADUIT DE L'ALLEMAND PAR
JEAN ET JEAN-RODOLPHE AMSLER

ÉDITIONS DU SEUIL
*27, rue Jacob, Paris VI*e

Titre original : *Deutscher Lastenausgleich*
ISBN original : 3-630-61921-5
© 1990, Luchterhand Literaturverlag, Frankfurt am Main

Titre original : *Schreiben nach Auschwitz*
ISBN original : 3-630-61925-8
© 1990, Luchterhand Literaturverlag, Frankfurt am Main

ISBN 2-02-012339-8

© OCTOBRE 1990, ÉDITIONS DU SEUIL
POUR LA TRADUCTION FRANÇAISE

A quoi bon parler dans le désert ?

L'unité allemande à l'encan.
Les révolutionnaires de Leipzig,
Dresde et Berlin sont refaits.

L'autre jour à Leipzig. Cette journée de printemps précoce. Animé d'un pressentiment, le matin, je visitais encore l'église Saint-Nicolas, comme pour me calmer, pour découvrir ensuite, sur le parvis où tout avait commencé, un nom de rue peint à la main. Son encadrement bleu, décorativement discret, et, bleue aussi, l'inscription bien proprement tracée au pinceau faisaient authentique et donnaient un autre nom au point de départ de la révolution de l'automne dernier : « PLACE DES COUILLONNÉS. » Et en dessous on pouvait lire écrit tout petit : « Bien le bonjour des enfants d'octobre. Nous sommes encore là. »

Je ne sais ce qu'il est advenu de ce panneau de rue d'une falsification aussi authentique. Peut-être a-t-il été sauvé à titre de souvenir ; il ne saurait manquer au musée où on les met : c'est tellement passé. Quant à moi, j'ai gardé présent à l'esprit ce résumé d'une décision victorieuse ; car non seulement les résultats des scrutins du 18 mars et du 6 mai, mais aussi les développements ultérieurs du processus allemand d'unification (jusqu'à l'union monétaire inclusivement) ont d'abord ou pour longtemps mis à l'écart les vrais révolutionnaires, ceux-là donc qui, sans violence, ont cassé le cartel de l'État et du Parti : les enfants d'octobre couillonnés.

Si je voulais prendre pour thème l'obstination dans la politique, je ne saurais mieux préluder qu'en rappelant l'obstination des révolutionnaires de Leipzig, Dresde et Berlin car déjà l'imparfait narratif, mystérieux, l'a englou- tie ; ou bien il existe encore, masqué de mots ronflants, par des décors hâtivement mis en place par le DM jouant les durs en majuscules ?

Il est oiseux d'énumérer combien d'entêtement démocra- tique au début, en ce temps-là, quand le seul refuge offert était l'église Saint-Nicolas, fut engagé et toléra l'autre tant que la tolérance fut de rigueur. La dernière expression de cette démocratie vécue fut sans doute un projet de consti- tution que les membres rédacteurs du Nouveau Forum et du Groupement démocratique viennent de présenter à la Chambre du peuple récemment élue. Il fut à peine discuté puis balayé d'un geste par les Messieurs-j'ordonne notoires. Il ne s'agissait plus que d'un rattachement qui ne doit pas être appelé rattachement. Et même l'espace situé entre les articles 23 et 146 de la loi fondamentale ne fut pas parcouru, utilisé pour des considérations à plus longue portée, confié à l'entêtement démocratique. Il fallait aller de l'avant. Tout le reste serait un frein. Les dates sont fixées. Le mot d'ordre « Nous sommes le peuple » put être, en face et pour peu de temps, plus ou moins justifié ; chez nous c'est le chancelier qui a la parole. Il veut illustrer l'histoire comme chancelier de l'unification en claironnant une sur deux de ses phara- mineuses entrées en scène comme une heure historique et en gagnant ainsi toutes les élections. « Le train est parti », disait et dit-on, « et personne ne peut l'arrêter ».

Les couillonnés s'écartent nettement du bord du quai et restent sur place, alourdis par une préoccupation obstinée : le train parti peut rencontrer toutes sortes d'obstacles, d'autant que personne (faute d'un signal d'alarme) ne peut plus l'arrêter. Depuis des années, et avec insistance depuis l'automne dernier, je suggère la confédération des deux États allemands, je préfère l'union à l'unité que j'ai appris à redouter, je suis sur le quai et répète en perroquet mes mises en garde ; à ce titre, je pressens que le train parti court à la catastrophe préprogrammée. C'est la seule raison pour laquelle, et même si personne ne veut rien entendre, pour oser une prospective, je me situe sur la place des Couillonnés.

Jusqu'à il y a peu et pourtant quarante ans d'affilée, la RDA fut un État geôlier de soi-même et de ses citoyens. La censure était son maître mot. La gabegie régnait sur sa quotidienneté. Il parlait en tuteur, jusqu'au jour où ses citoyens lui ôtèrent le pouvoir et lui administrèrent ses premières leçons de démocratie. Mais n'est-il pas vrai que ces citoyens voient la tutelle rentrer par la fenêtre : ne leur est-il pas recommandé avec insistance, comme récemment dans la campagne électorale, de comprendre le rendement comme une liberté ? Ne les a-t-on pas en un tournemain payés de quelques désirs constitutionnels utiles à la démocratie, balivernes certes sympathiques, mais pourtant inutiles ? Et ne sont-ils pas encore une fois soumis à un ISME, assorti – il est vrai – de la liberté de voyager et de consommer ?

Ce qui commença par le cran, exigeant – après tant d'humiliations – une conscience de soi, de l'astuce, voire de la gaieté et qui, pour peu de temps, fit la joie des deux

États s'est tourné en souci : c'est plutôt la morosité qui tient l'unité allemande sur les fonts baptismaux. Ce qui avait débuté par un échange de propos tâtonnants, interrogatifs, et devait admettre des idées qui parussent de tout repos à nos voisins, Polonais en tête, s'est réduit aux gros sous. L'argent doit suppléer l'idée absente, générale. La devise forte doit compenser l'esprit manquant. Si l'on y regarde de plus près, c'est l'idée européenne qui doit donner le change. Ce qui est demandé – ce n'est pas un rapprochement progressif des Allemands, mais seulement un plus en débouchés, parce qu'une stupidité générale a tout livré au marché, régulateur général. Rarement, au cours d'une histoire allemande trop souvent malheureuse, une possibilité de rang effectivement historique a été gâchée, par défaut de force créatrice, de façon aussi mesquine, si stupidement incomprise, si étourdiment dilapidée.

Et maintenant, c'est (selon une vieille recette) le miracle qui doit opérer : l'union monétaire en guise de traité d'État. Qu'il soit permis à un écrivain de faire et d'anticiper le calcul, d'autant qu'il a appris à calculer au plus tard en fréquentant les éditeurs. L'irruption du deutsche Mark dans la RDA touche une économie impréparée et une population ignorant les perfidies et les avantages de l'économie de marché : le remède salutaire n'opérera que dans les petits caractères que porte un bulletin de blanchissage : allergies et autres phénomènes secondaires. Car dès maintenant on peut prédire que la grosse masse des montants en DM déversés sur la RDA se retrouvera très vite à l'Ouest et là, exclusivement là, poussera à la hausse les chiffres d'affaires des biens de consommation et stimulera le tourisme. Des envies accumulées depuis des années voudront se satisfaire, des voyages de rêve parvenir à destination. Mais entre Elbe et Oder, où il faudrait ranimer l'économie moribonde, assurer les postes de travail menacés, cette devise forte à qui tout le monde doit faire confiance sera d'un effet nul ou insuffisant. Ce qu'on dépensera dans les grands magasins de l'Ouest entre Lübeck et Munich pourra y faire sonner les caisses et – par la suite de cette pointe des achats – lâcher la bride aux prix ; mais là-bas les produits indigènes resteront pour compte, parce que devenus invendables, bons tout juste à jeter.

Les conséquences sont prévisibles : des firmes déjà vacillantes font faillite ; d'autres lieux de production qui pourraient être renfloués sont bientôt en cessation de paiements ; les entreprises nouvelles ne se risquent pas dans un duel concurrentiel inégal. Les prudents émigrent à l'Ouest avec l'argent fraîchement échangé. L'accroissement attendu du chômage tourne en danger public.

Je dis : cette union monétaire précipitée que ne précédait aucune relance préparatoire de l'économie indigène est une illusion qui finira par s'avérer être une duperie ; certes les couillonnés, cette fois, ne seront pas les seuls badauds de la place Saint-Nicolas : mon regard prophétique voit les deux peuples des deux États allemands, confondus en un seul peuple, stationner sur des quais de gare et regarder partir les trains. Ou bien, pour mobiliser la gent ailée dans une autre image : après la conjoncture des têtes qui tournent, on ne manquera pas – à côté des obligatoires charognards de faillites – d'oiseaux persifleurs.

Pourquoi le gardien suprême de la devise, la Banque fédérale allemande, n'élève-t-elle pas d'objection ? Du moins son président Otto Pöhl, par des avertissements voilés, a-

11

t-il évoqué l'éventuelle inefficacité du miracle monétaire attendu pour ensuite – mais à petit bruit – donner le feu vert à la hâte de Kohl. Comme désormais on spécule en argent plutôt qu'on ne pense, on se permet d'évacuer comme intrusions gênantes des idées qui ne soient pas guidées par la bousculade unifiante et des préoccupations touchant la détresse existentielle de l'homme : ce sont là des billevesées intellectuelles, aberrantes parce qu'elles décrivent une troisième voie : celle du pessimisme professionnel.

Je souhaiterais qu'il en fût ainsi. Le goût de l'exagération m'a entraîné. Les naïfs apprentis financiers à la petite semaine, paraît-il, n'ont point droit à la parole : le vrai, c'est que l'habileté politico-financière a son affaire bien en main. Je souhaiterais que se réalisât la foi enfantine en l'imagerie d'une économie de marché datant de Ludwig Erhard ; mais l'expérience et le seul premier abord s'y opposent.

Pendant les dernières semaines, j'étais en route entre Stralsund et Leipzig, finalement en Lusace, où s'offrent au dessinateur les vastes carrières de lignite proches de Senftenberg et entre Spremberg et Hoyerswerda ; c'est un paysage qui vous rend muet. Conversations et pure écoute confirmèrent mon pressentiment : à la suite des sottises de Bonn, l'effondrement si longtemps annoncé de l'économie de la RDA va se produire. Il apparaît déjà que des investisseurs extérieurs s'intéressent au moins au système de distribution et de livraison des entreprises encore existantes parce que leur utilisation agressive ouvrirait aux produits ouest-allemands – de la bière jusqu'aux magnétoscopes – le marché de la RDA. L'effondrement de l'agriculture est, vu par les producteurs ouest-allemands, affaire réglée. Des trusts que nous connaissons de longue date occupent les secteurs livre et presse. Déjà les arpenteurs des anciens grands propriétaires fonciers de Poméranie antérieure et de Mecklembourg sont à l'œuvre, les nouveaux potentats coloniaux s'installent et trouvent en les chefs d'exploitation – ci-devant aux ordres de la SED – des fourriers zélés.

En face, un seul objet : le catalogue des bienfaits promis. Mais à qui sont utiles des traitements payés selon un rapport 1/1 si au bout de peu de temps bon nombre d'entreprises encore fonctionnelles de la RDA sont en cessation de paiements ? Une activité accrue à l'Ouest entraîne – c'est couru d'avance – du chômage à l'Est.

Une croissance ne pourrait être enregistrée que là où nos craintes et celles de nos voisins ont leur origine : dans l'extrémisme allemand de droite, d'autant qu'il n'est plus impossible que le Veau d'Or, le robuste DM, en subisse un dommage.

Et tout cela sans nécessité, seulement parce que tels hommes politiques, le chancelier en tête, s'imaginent être à tu et à toi avec l'Histoire. Qui, quoi commande aux Allemands cette hâte déraisonnable ? Ce gâchis précipité ne permet pas que se soude ce qui s'adapte ; au contraire : la distance conservée pendant les quarante années va s'accroître ; alléchés par le bien-être, rétribués par le chômage, les Allemands de là-bas et d'ici seront plus que jamais étrangers les uns aux autres.

On peut se poser la question : pourquoi cette plainte ? Que veut dire, au vu de résultats d'élection sans équivoque, cette obstination ? Parce que la mise en garde contre une unité enlevée étourdiment au pas de charge exige qu'on nomme encore une fois les responsables. Savoir si l'objection atteint le chancelier, j'en doute. Mais le conseil central de la Deutsche Bank est invité à refuser son feu vert au truquage monétaire envisagé. Dans le cadre de ses possibilités, le président fédéral a jusqu'à présent mis en garde contre une action précipitée et une nouvelle mise en tutelle de nos compatriotes. Il a eu peu d'audience et a tenté pourtant de compenser, ne fût-ce que par des paroles, la brusquerie constante avec laquelle on traite nos voisins inquiets et aussi déconcertés, finalement en Pologne où, depuis le discours de Waigel, la méfiance s'accroît. Je pense qu'il serait aujourd'hui du devoir de Richard von Weizsäcker de refuser son quitus au désastre imminent d'une union monétaire hâtive tenant lieu de traité d'État, et d'imposer une halte au train de l'unité allemande.

Afin que nous puissions nous ressaisir. Afin de trouver le temps de concevoir une idée dont la substance soit plus enrichissante qu'une unité seulement politique et pécuniaire. Afin que nous saisissions l'occasion de chercher en toute latitude démocratique l'avis qui nous oriente vers une nouvelle Constitution. La nouvelle Allemagne naissante ne sera en règle avec ses citoyens et aussi avec ses voisins que si la Fédération et les Länder, le gouvernement et l'opposition, les Églises et les syndicats (et s'ils le désirent, même les intellectuels si dédaignés) délibèrent en commun comme assemblée constituante. Le passé allemand nous oblige à cette circonspection ; de même les risques actuels : destruction du milieu et modification climatique, surpopulation et son corollaire : la misère accrue dans les pays du tiers monde, anticipent déjà l'avenir.

Un nouvel État fédéral fondé sur la multiplicité culturelle

n'aura pas pour citoyens que des Allemands. Des Italiens et des Yougoslaves, des Turcs et des Polonais, des Africains et des Vietnamiens ont cherché à l'intérieur de ses frontières un refuge, du travail, un logement et bien souvent une seconde patrie. Ils élargissent notre notion de culture. Ils peuvent nous aider à revivifier notre conscience nationale diffuse après comme avant. Avec leur concours, nous sommes, étant allemands, des Européens.

Il est quand même encore temps de rejeter cette réduction de la question allemande à une simple union monétaire et, renonçant au galop inconscient, d'adopter une allure qui, avec une respiration calme, permette de penser.

Revenons-en à la « place des Couillonnés » : Leipzig, église Saint-Nicolas. Le vaisseau clair, serein, invitant à une réflexion quelconque. C'est ici que tout a commencé. Ici gisent déjà des espoirs ensevelis. Et pourtant on pourrait, en partant d'ici – tout en laissant de côté Bonn et Berlin –, expérimenter l'idée qui fait défaut jusqu'à présent : tirer de l'église Saint-Nicolas de Leipzig à l'église Saint-Paul de Francfort un fil imaginaire et suivre la ligne ainsi définie...

Mais à quoi bon parler ? Qui écoute encore ?

Die Zeit, Hambourg, 11 mai 1990.

Écrire après Auschwitz

Exposé sur la création littéraire

Un écrivain, invité à disserter de soi-même, donc de son travail, devrait chercher refuge dans une prise de distance ironique, réductrice de tout, s'il voulait éviter ce laps de temps qui l'a taré, marqué, assis (en dépit de toute translocation) parmi des contradictions, tenu captif de l'erreur et rendu témoin. En plaçant cet exposé sous le titre « Écrire après Auschwitz » et en cherchant une entrée en matière, je sais être voué à ne plus faire face ; mon sujet me dépasse. Essayons pourtant.

Invité par une université, parlant pour une majorité d'étudiants, donc confronté à l'attention ou à la seule curiosité brute d'une génération, je me reporterai d'abord quelques décennies en arrière ; j'esquisserai ma situation de mai 1945.

J'avais alors dix-sept ans, logeais en plein air dans un trou de terre avec cent mille autres dans un camp américain de prisonniers de guerre ; affamé, donc, dans ma ruse vorace, uniquement préoccupé de survivre, mais sans autre projet. Abruti de formules pseudo-religieuses et simultanément dressé à poursuivre des fins idéalistes, le Troisième Reich m'avait relevé, avec beaucoup de ma génération, de ses serments de fidélité. « Le drapeau vaut mieux que la mort » était une de ces vérités assassines.

Tant de sottise ne procédait pas uniquement d'un savoir scolaire pour cause de guerre – j'avais quinze ans quand commença pour moi, interprétée à faux comme une dispense d'école, ma période d'auxiliaire d'aviation – mais plutôt d'une sottise misérable, englobant les différences de classe et de religion, qui se nourrissait du contentement de soi germanique. Nous autres Allemands sommes... la germanité, c'est... et pour finir : Jamais un Allemand...

Cette phrase partiellement citée avec points de suspension survécut même à la capitulation du Reich grand-allemand et acquit la force opiniâtre de l'incorrigible. Car avec beaucoup de ma génération – ne parlons pas ici de nos pères et mères –, quand je fus confronté au bilan de crimes incombant aux Allemands et qu'on a depuis résumés par un concept, « Auschwitz », je disais : Jamais. Je me disais, disais aux autres, d'autres se et me disaient : Jamais des Allemands ne feraient chose pareille.

Ce jamais se confirmant lui-même se plaisait même : il passait pour être à l'épreuve des faits. Car l'écrasante foison de photos, les tas de chaussures ici, là les cheveux entassés, l'accumulation répétitive de cadavres gisant empilés, les nombres inconcevables et les toponymes exotiques – Treblinka, Sobibor, Auschwitz – des sous-titres, tout cela, quand la volonté pédagogique des Américains nous contraignait, à dix-sept, dix-huit ans, à regarder ces documents-images, n'avait pour effet qu'une réponse explicite ou implicite, mais imperturbable : Jamais des Allemands n'auraient, n'ont fait chose pareille.

Même quand le Jamais (au plus tard, avec le procès de Nuremberg) fut réduit à néant – l'ancien chef de la jeunesse du Reich nous déclara, nous autres de la Jeunesse hitlérienne, nets de responsabilité –, il fallut encore des années pour qu'une compréhension me vînt : Ça n'en finira pas de rester actuel ; notre honte ne sera ni refoulée ni surmontée ; l'objectivité contraignante de ces photos – les chaussures, les lunettes, les cheveux, les cadavres – se refuse à l'abstraction ; Auschwitz, malgré la pression des mots qui l'expliquent, ne sera jamais concevable.

Bien du temps s'est écoulé depuis ; tout le zèle de quelques historiens s'est appliqué à invoquer des faits comparables pour insinuer à cette phase – comme on dit – malheureuse de l'histoire allemande une contingence historique ; on est passé aux aveux, on a déploré, on a parlé comme ci comme ça par attrition – ainsi dans ce discours ; mais l'énormité placée sous le nom d'Auschwitz, parce qu'elle est incomparable, parce que rien ne lui fournit d'alibi historique, parce qu'elle dépasse tout aveu de culpabilité, est restée inconcevable et marque une césure au point qu'on est tenté de dater l'histoire de l'humanité et notre notion d'existence humaine d'après des événements survenus avant et après Auschwitz.

Rétrospectivement, l'écrivain s'interroge avec d'autant plus de persévérance : Comment fut-il possible, simplement possible, pourtant possible d'écrire après Auschwitz ? Cette question ne fut-elle posée que pour satisfaire au rituel des condoléances ? Les torturantes questions qu'on se posait à soi-même dans les années cinquante et au début des années soixante n'étaient-elles que des exercices rhétoriques ? Et ceci : cette question peut-elle présentement être de quelque poids, en un temps surtout où les nouveaux *media* mettent en question la littérature ?

J'en reviens à l'adolescent bête, imperturbable. Il n'était pas si bête, si imperturbable que ça. Finalement, en dépit d'une fréquentation scolaire écourtée, il y avait eu quelques enseignants qui, plus furtivement qu'ouvertement, laissaient percevoir des étalons esthétiques et un sens artistique élargi. Par exemple, cette femme sculpteur embauchée comme professeur du service de guerre. Qui, à son élève occupé sans trêve à dessiner, glissait en douce des catalogues d'expositions des années vingt. Au prix du risque assumé, elle m'a déconcerté et pour ainsi dire infecté par l'œuvre des artistes Kirchner, Lehmbruck, Nolde, Beckmann.

Je m'y tins. Ou bien cela me retint. A la vue de ces provocations iconographiques, l'imperturbabilité du jeune hitlérien cessa ; non, elle ne cessa pas, mais devint perméable en un seul point derrière lequel commençait à grandir une autre, une égocentrique imperturbabilité : opaque et vague, pourtant opiniâtrement exaspérée, l'ambition énorme de vouloir devenir artiste.

Depuis ma douzième année je fus braqué dans ce sens ; ni les images paternelles d'une profession plus sérieuse ni, plus tard, la défaveur des temps ne m'en dissuadèrent ; il y avait des décombres partout et rien à manger. Cette possession juvénile resta vivace, survécut indemne, c'est-à-dire avec une imperturbabilité autre, à la fin de la guerre, et pareillement aux premières années de l'après-guerre et à la réforme monétaire qui changea tout.

Tel fut mon choix d'une profession. Après un apprentissage de lapicide et de sculpteur, je devins élève sculpteur à l'académie des arts de Düsseldorf, ensuite à la faculté d'arts plastiques de Berlin. Mais ces données autobiographiques en disent peu, sauf que mon désir de vouloir devenir artiste révèle un aspect rectiligne, *a posteriori* problématique : non point problématique du fait qu'il allait strictement à l'encontre des objections parentales, admirable peut-être parce qu'il fut osé sans couverture matérielle ; mais problématique pourtant et, finalement, pas tellement admirable ; parce que mon évolution artistique qui bientôt, par le poème, aboutit à l'écriture, s'accomplit imperturbablement, même depuis Auschwitz.

Non, cette voie ne fut pas prise par ignorance, car entre-temps toute l'horreur s'étala au grand jour ; pourtant cette voie, aveuglément et pourtant tout exprès, passait outre à Auschwitz. Finalement, il y avait à foison des orientations d'autre nature. Il n'y en avait pas qui entravent ou ralentissent le pas. Des noms d'auteurs jamais entendus auparavant m'attiraient, prenaient possession de moi : Döblin, Dos Passos, Trakl, Apollinaire. Les expositions artistiques de cette époque n'étaient pas des mises en scène de soi-même élaborées par des professionnels de l'exposition ; mieux : elles ouvraient largement l'accès à de nouveaux mondes : Henry Moore ou Chagall à Düsseldorf, Picasso à Hambourg. Et les voyages devinrent possibles : en auto-stop vers l'Italie, non seulement pour voir les Étrusques, mais aussi d'austères, d'argileuses sculptures de Morandi.

A mesure que les décombres sortaient du champ visuel, ce fut, bien que partout alentour on se remît déjà à tisser selon le motif ancien, une époque d'un renouveau et sans doute aussi d'une illusion ; celle qu'on peut édifier le neuf sur des fondements anciens.

Sans transition, j'avalais livre sur livre. En quête d'images,

21

j'accueillais images et séquences sans programme, uniquement braqué sur l'art et ses moyens. Cela me suffit, échaudé que j'avais été, plus par instinct que sur arguments, pour être hostile au premier chancelier fédéral Konrad Adenauer, à la mascarade nouveau riche du miracle économique débutant, à la Restauration pseudo-chrétienne, naturellement au réarmement, bien entendu au secrétaire d'État adenauerien Globke, à son spécialiste de la Sûreté d'État Gehlen et à d'autres ignominies du premier politique rhénan.

Je me rappelle des marches de Pâques qu'animait la protestation contre la bombe atomique. Toujours présent et contre. L'horreur opiniâtre de mes dix-sept ans volontairement incrédules s'était évaporée, faisant place à une pose anti-tout de principe. Certes, la mesure du génocide était devenue saisissable entre-temps par les volumes de documentations : certes l'antisémitisme appris à l'école s'était mué en philosémitisme appris ; certes on s'entendait soi-même, évidemment et sans risque, comme antifasciste ; mais quant à des objections de principes, dictées avec une rigueur biblique, des objections de ce genre : Peut-on faire de l'art après Auschwitz ? Peut-on, après Auschwitz, écrire des poèmes ? – pour ce genre de scrupules, bien des gens de ma génération n'avaient pas, je n'avais pas de temps de reste.

Certes, il y avait cette phrase d'Adorno... « Après Auschwitz, écrire un poème est barbare et met en cause l'évidence causale : pourquoi de nos jours, après Auschwitz, il est impossible d'écrire des poèmes », et depuis 1951 le livre d'Adorno *Minima Moralia (Réflexions sur une vie mutilée)* existait où, selon moi, pour la première fois, Auschwitz fut conçu comme une césure, une fracture inguérissable de l'histoire de la civilisation ; mais bientôt ce nouvel impératif catégorique fut réinterprété en table d'interdit. Tant il est vrai que cet énoncé rigoureux contrarie la foi en l'avenir, l'avidité de renouveau intacte, gêne comme tout impératif catégorique, dissuade par sa rigueur abstraite et se contourne aisément comme toute table d'interdit.

Avant qu'on eût pris le temps de découvrir en son environnement de réflexions précédentes et suivantes la formule paroxystique cueillie chez Adorno, donc de la prendre comme repère, non pour un interdit, la parade explicite aussi bien qu'implicite s'était organisée. Ayant mutilé la phrase d'Adorno selon laquelle aucun poème ne pouvait plus être écrit après Auschwitz, on répondit en mutilant de même et sans réfléchir, comme si quelqu'un avait appelé des ennemis à échanger des coups : ce qui était barbare, c'était cet interdit ; il en demandait trop à l'homme, il était, au fond, inhumain ; tout compte fait, la vie, pour blessée qu'elle fût, continuait.

Mes réactions elles-mêmes, fondées sur l'ignorance, je veux dire sur un simple ouï-dire, penchaient pour la parade. Puisque je me croyais en pleine possession de mes talents et qu'en bonne logique je me voyais leur possesseur exclusif, je voulais leur donner libre cours, les prouver. L'interdit d'Adorno me semblait littéralement contre nature ; comme si quelqu'un s'était permis comme un Dieu le Père d'interdire le chant aux oiseaux.

Fut-ce à nouveau le défi, ou bien peut-être une imperturbabilité chronique qui, après que j'eus un instant prêté une oreille distraite, fit retomber le pêne dans la gâche ? Ne savais-je pas de ma propre expérience ce qui m'avait épouvanté et n'en finissait plus de m'épouvanter ? Qu'est-ce qui m'empêchait – fût-ce pour un temps – de déposer l'outil du sculpteur et d'imposer à l'imagination lyrique, mon pensionnaire vorace, un temps de carême ?

Aujourd'hui, je suppose : l'agacement dut être plus grand, ou bien, avec un décalage dans le temps, plus tenace que je ne pouvais me l'avouer à l'époque. Quelque chose avait pris un choc et – en dépit de résistances – avait été domestiqué : cette liberté ressentie comme sans limites, qui n'était pas le prix d'un combat mais un cadeau, était sous surveillance.

Tandis que je feuillette mon passé pour déceler les trucs de l'étudiant en beaux-arts épris uniquement d'art, je trouve un poème de ces années, publié en version définitive en 1960 dans le volume *Triangle ferroviaire,* mais qui en vérité aurait dû être dans mon premier livre publié sous le titre *Les Avantages des coquecigrues.* Il s'appelle « Ascèse » ; c'est, comme d'emblée, un poème-programme et il donne le ton gris qui me détermine jusqu'à ce jour.

ASCÈSE

Le chat parle.
Que dit donc le chat ?
Tu dois, à l'aide d'un crayon pointu,
ombrer les mariées et la neige,
tu dois aimer la teinte grise,
être sous un ciel nuageux.

Le chat parle.
Que dit donc le chat ?
Tu dois te vêtir du journal du soir,
de toile à sac comme les pommes de terre,

retourner ce vêtement sans trêve,
ne jamais en mettre de neuf.

Le chat parle.
Que dit donc le chat ?
Tu devrais supprimer la marine,
les cerises, le pavot et le saignement de nez,
supprimer aussi ce drapeau
et semer du gris sur les géraniums.

Tu dois – le chat poursuit en ces termes –
ne vivre que de rognons, de rate et de foie,
de mou aigre hors de souffle
du suc des reins, non coupé d'eau,
de vieille rate et de foie coriace
tirés d'un pot gris : tu dois ainsi vivre.

Et au mur où jadis, sans arrêt,
le tableau vert ruminait le vert,
tu dois, à l'aide de ton crayon pointu,
écrire ASCÈSE ; écris : ASCÈSE.
Ainsi parle le chat : Écris ASCÈSE.

Eh bien ces cinq strophes ne vous furent pas présentées pour donner un aliment au péché mignon des germanistes, je veux dire à l'interprétation ; pourtant je crois qu'avant d'autres textes le poème « Ascèse » est une réponse indirecte à la table d'interdit d'Adorno, car, en tant que reflet tourné en métaphore, il pose des limites dans sa propre affaire. Car si, avec beaucoup d'autres, je m'étais mépris sur le commandement d'Adorno que j'avais pris pour une interdiction, pourtant sa nouvelle table de la loi marquant la césure demeurait visible de partout.

Nous tous, les poètes lyriques alors jeunes des années

25

cinquante – je nommerai Peter Rühmkopf, Hans Magnus Enzensberger, même Ingeborg Bachmann –, nous rendions compte, nettement ou confusément, que nous n'étions certes pas les coupables, mais appartenions, dans le camp des coupables, à la génération d'Auschwitz, que par conséquent notre biographie incluait, parmi les dates usuelles, la date de la conférence de Wannsee ; mais nous étions sûrs d'un point : le commandement d'Adorno ne pouvait être réfuté – s'il était réfutable – que par l'écrire.

Mais comment ? A l'école de qui : chez Brecht, Benn, chez les premiers expressionnistes ? Prenant pied sur quelle tradition et placé entre quels critères ? Dès que je me vois comme jeune talent lyrique à côté des jeunes talents Enzensberger et Rühmkopf, je suis frappé que nos prétentions – et le talent n'est rien que prétention – étaient ludiques, acrobatiques, férues d'art jusqu'à l'artifice et, vraisemblablement, se fussent épuisées sans qu'il fût la peine d'en parler si, en même temps, des poids de plomb ne leur avaient été prescrits. L'un de ces poids – il pesait encore si on le rejetait comme bagage – était l'interdit de Theodor W. Adorno. C'est à sa table de la loi que j'empruntai mon précepte. Et ce précepte exigeait le renoncement à la couleur franche ; il prescrivait le gris et ses dégradés infinis.

Il fallait abjurer les grandeurs absolues, le blanc ou noir idéologique, renvoyer la foi au vestiaire et ne compter que sur le doute qui piquait de gris tout et jusqu'à l'arc-en-ciel. Et par-dessus le marché ce commandement requérait une richesse d'un autre genre : il fallait, par les moyens d'une langue sinistrée, célébrer la beauté pitoyable de toutes nuances reconnaissables de gris. Cela voulait dire qu'on amenait tous les drapeaux et semait de la cendre sur les géraniums. Cela voulait dire : prendre un plomb pointu qui par nature fournit les tons de gris pour écrire en travers du mur « où naguère, sans arrêt/ l'image verte ruminait le vert », mon rite et ma règle : le mot ASCÈSE.

Donc RAUS l'intériorité bleuâtre. Halte aux métaphores génitives se rengorgeant sous les fleurs, exclusion de quelconques ambiances à la Rilke et du ton compassé de musique de chambre ; ASCÈSE, cela signifiait méfiance de tout carillon sonore, de ces extemporanéités lyriques des mystiques naturistes qui, dans les années cinquante, travaillaient leur carré de jardin et – avec ou sans rime ni raison – fournissaient aux livres de lecture scolaires le moyen de leur interprétation neutre. Mais ASCÈSE voulait dire aussi : définir où l'on se place. C'est sans doute de là que se date mon parti pris, pendant la virulente querelle opposant Sartre et Camus, mon option pour Sisyphe, l'heureux rouleur de pierres. Au début de 1953, je changeai de lieu et de maître. Oh ! Peu de chose ! Quittant Düsseldorf, capitale du miracle économique en voie d'explosion, pour aller à Berlin par le train interzones. Une liasse de poèmes, les fers du tailleur de pierre, la chemise de rechange, peu de livres et de disques : mon bagage.

Berlin, ce lieu *kaputt,* déjà réoccupé par des idéologies, renaissant de crise en crise, s'étendait à plat entre des montagnes de décombres. Des espaces déblayés sur lesquels le vent tournait sans trêve des cornets de poussière. Toujours de la brique pilée entre les dents. Querelles surtout. Querelle entre l'art objectif et l'inobjectif ; ici Hofer, là-bas Grohmann. Ici et en face : ici Benn, là-bas Grohmann.

Guerre froide par haut-parleurs. Et pourtant le Berlin

de ces années-là était – toutes clameurs à part – le lieu d'un silence de mort. Ici le temps ne s'était pas laissé précipiter. La « vie blessée » était encore une réalité manifeste que rien ne soldait. Ici, à peine la place de flirter avec l'indicible. A Berlin, mes derniers exercices de doigté d'épigone furent passés à la gomme dure : ici les choses voulaient être appelées d'un nom.

Hâtivement, à l'écart du trépied à modeler et de la planche à dessin, naquirent les premiers poèmes autonomes, des vers qui, pour ainsi dire, évoluaient à main levée et sans filet. Mais aussi des dialogues, de brefs un-acte, par exemple ce qui plus tard devint la conclusion d'une pièce en quatre actes intitulée *Tonton,* et qui débute en ces termes :

Au bord de la ville. Un chantier abandonné. Bollin entre des tas de graviers et des planches d'échafaudage, sur un seau à mortier. Il regarde vers la ville, il attend. (Deux enfants.) Sprotte et Jannemann s'approchent lentement.
Sprotte : Tonton ?
Jannemann : Tonton, t'as pas un truc ?
Spr : Oui, Tonton, donne-le-lui donc.
Jan : T'en as pas, même qu'un seul ?
Spr : Où donc, Tonton ?
Jan : T'entends pas ?
Bollin : Non !
Jan : Rien qu'un seul ?
Bol : Y en n'a pas.
Spr : Regarde voir un peu, t'en as p't'être.
Bol : Quoi donc, quoi donc ?
Spr : Ben, un truc !
Bol : Mais quoi en fait de truc ?
Spr : N'importe, on s'en fiche.
Jan : Tu sais donc pas ce que c'est qu'un truc ?

Spr : Tout le monde en a un.
Jan : Toi aussi, sûrement...

Et trois ans après, au printemps de 1956 – je suis encore élève sculpteur chez Hans Hartung – paraît, avec poèmes et dessins, mon premier livre où sont des quatrains comme celui-ci :

GAZ-A-G

Dans notre faubourg
Il y a un crapaud sur le gazomètre
Il inspire et expire
histoire qu'on puisse cuisiner.

Aujourd'hui, placé devant mon sujet, je me demande : est-ce un poème, sont-ce des dialogues de théâtre que l'on ne put écrire après Auschwitz ? Est-ce que le commandement d'ascèse n'a pu nécessairement produire que cette mise en forme de la cachexie ? Entre-temps, j'avais eu vingt-huit ans, mais pour l'instant il m'était impossible d'être plus ou autre.

Et je lus des poèmes et des un-acte de cette façon lors des colloques du « Groupe 47 » qui m'invita à titre de débutant, sous les auspices de Hans Werner Richter, régulièrement à partir de l'automne de 1955. Nombre de textes qui y furent lus étaient plus directs que les miens. Quelques-uns, comme par rattrapage, se prononcèrent nettement, à l'aide de héros positifs, contre le national-socialisme. Cette netteté me rendit méfiant. Ce rattrapage antifasciste n'avait-il pas un air d'exercice imposé de caméléonisme en un temps abonné à l'adaptation ? N'était-il pas mensonger donc et littéralement obscène, rapporté à l'opposition quasi impuissante mais repérable à l'état de traces, qu'avait rencontrée le national-socialisme ?

Ces premières expériences de la littérature et de sa quotidienneté me rejetèrent en arrière. J'avais à nouveau dix-sept ans. La capitulation sans condition. Captivité dans trous de terre. Photos qui montraient des monceaux de lunettes, de souliers, d'ossements. Le refus de croire, par défi. Et en remontant en arrière : quinze, quatorze, treize ans d'âge. Feux de camp, saluts au drapeau, tir aux armes de petit calibre. Le traintrain scolaire interrompu par les vacances tandis que l'événementiel vrai s'énonçait en communiqués spéciaux. Certes : une indiscipline de potache. L'ennui au service de la HJ. Plaisanteries sottes sur bonzes du Parti qui se défilaient du service au front et qu'on appelait avec mépris « faisans dorés ». – Mais de résistance ? Aucune trace, pas une approche, ne fût-ce qu'en lambeaux de pensée. Plutôt une admiration pour les héros militaires et, chronique, une crédulité opaque, inébranlable, dont j'ai honte jusqu'à ce jour.

Comment aurais-je pu, dix ans après, inscrire de la résistance sur le papier, m'arroger un antifascisme, quand « écrire après Auschwitz » se fondait sur la honte, la honte sur chaque page blanche ? L'actualité des années cinquante évoquait plutôt la question d'indiquer par le verbe les fausses notes récentes, l'art partout florissant des façades. Le rassemblement repu de compères tranquilles clignant de l'œil : les uns n'avaient rien su, rien subodoré, et se dédouanaient en jouant les enfants séduits par les démons ; les autres, même s'ils ne l'avaient pas crié sur les toits, avaient toujours, en secret, été contre.

Une décennie fondée sur les mensonges dont le cours se maintient encore aujourd'hui, mais aussi une décennie de décisions fondamentales. Réarmement, traité sur l'Allemagne en sont les mots clés. Deux États allemands surgirent coup sur coup, chacun s'efforçant d'être l'élève modèle de l'un, de l'autre système de blocs, et heureux de la circonstance propice de pouvoir, ici comme là-bas, se compter parmi les puissances victorieuses. Partagés certes, mais unis dans l'idée de s'en être encore une fois tirés.

Et pourtant il y avait un facteur de perturbation qui ne voulait pas s'intégrer à la gémellation hostile. Le 16 et le 17 juin 1953, à Berlin-Est et à Leipzig, à Halle, Bitterfeld et Magdebourg, les ouvriers étaient dans la rue. Elle leur appartint jusqu'à l'arrivée des blindés soviétiques. Une grève dans la Stalinallee – Staline était mort au mois de mars précédent – s'enflait en un soulèvement qui faute de chef tourna tristement et fut porté par les seuls ouvriers. Pas d'intellectuels, pas d'étudiants, pas de citoyens et pas de gradés ecclésiastiques pour s'y associer, seul un quarteron de policiers populaires qui furent plus tard fusillés après conseil de guerre. Et pourtant ce soulèvement ouvrier allemand auquel à Paris Albert Camus exprima son respect est travesti là-bas en contre-révolution, ici, selon les paroles du menteur Adenauer, en soulèvement populaire et détourné en journée chômée.

J'ai regardé. De la Potsdamer Platz, je voyais face à face les gens et les chars. Une décennie plus tard, le témoin oculaire de cette confrontation lapidairement totale écrivit un drame de forme complexe : *Les plébéiens répètent l'insurrection*. Complexe, car le canevas est tiré du *Coriolan* de Shakespeare et du remaniement de *Coriolan* de Brecht ainsi que du comportement de ce dernier le 17 juin. Mais complexe aussi parce que la réalité de la rue – ce soulèvement ouvrier sans chef – contredit la réalité d'une répétition d'un théâtre qui s'est donné pour mission l'amélioration de la conscience révolutionnaire, en particulier dans la classe ouvrière. Et complexe, de surcroît, parce que le patron du théâtre sur la scène duquel a lieu la tragédie n'est pas net ni ne peut l'être. Car lorsque à la fin du dernier acte il se décide enfin à écrire au premier secrétaire du Comité central – c'était à l'époque Walter Ulbricht – une lettre de protestation, il est combattu par une comédienne nommée Volumnia et par son dramaturge en chef Erwin.

Volumnia (lui prend la feuille) : Pourquoi lire à haute voix ce qui marche en pantoufles de feutre ! Tu t'es résumé en trois alinéas. Les deux premiers se donnent pour critiques et qualifient de précipitées les mesures prises par le gouvernement et donc par le Parti. Et dans le dernier tu éprouves le besoin d'exprimer ta solidarité avec tous ceux que tu critiquais d'abord. Pourquoi ne pas t'aligner tout de suite sur (le poète officiel) Kosanke ? Car on te supprimera les alinéas critiques, pour ne claironner que ta solidarité et te bafouer jusqu'à la gauche.
Le Patron : Voici, sous l'original, la copie. Béni soit le papier carbone.
Erwin : Ce genre de choses va aux archives, est mis sous clé, et versé à la succession des non-publiés et voit le jour trop tard.
Volumnia : Et tu seras environné de légendes. Dans le fond, il était contre. Plutôt pour, au fond. Il a dit ça, mais son cœur était – où, en fait ? On t'interprétera comme on voudra : un opportuniste cynique ; un idéaliste façon usuelle ; il ne pensait qu'au théâtre ; il écrivait et pensait pour le peuple. Pour lequel ? Sois carré ! Regimbe ou adapte-toi. Et écris en embrouillant de telle sorte que ceux qui veulent rogner ne trouvent pas le joint.

Le Patron : Personne n'osera pratiquer de censure.
Volumnia : Ne sois pas puéril. Je sais que tu comptes sur des coupures.
Erwin : Ouais ! Même sans coupures, c'est minable. C'est vraiment toi l'auteur. Minable et pénible à la fois.
Le Patron : Et en rapport avec son objet. Dois-je écrire : Vœux de bonheur à vous, les meurtriers du peuple ? Ou bien vœux de bonheur aux survivants ignorants d'une minable insurrection ? Et quel vœu de bonheur atteindra-t-il les morts ? – Moi, le maître de petits mots embarrassés, je regarde. Maçons, cheminots, soudeurs et câbleurs restèrent seuls. Les ménagères ne voulaient pas être en reste. Même des policiers débouclaient leur ceinturon. Le conseil de guerre les attend. On va remplir les prisons dans notre camp. – Mais, en face aussi, le mensonge se donnera des avis officiels. La face de l'hypocrisie travaillera ses rides. Mon regard prophétique voit des torchons nationaux descendre en berne. L'orateur Chœur, je l'entends, puisera dans le mot de liberté jusqu'à la vider. Suivront des processions d'années, clopin-clopant. Et après qu'on aura onze fois ôté le feuillet à l'éphéméride des célébrations, on célébrera dans l'ivresse le dix-septième anniversaire, comme on faisait dans ma jeunesse pour la journée de Sedan. Je vois un peuple à l'Ouest aller en pique-nique. Ce qui en reste : bouteilles vides, papier des tartines, cadavres de canettes et vrais cadavres ; car aux jours de fête le trafic exige une surtaxe en victimes. – Mais ici, dans onze, douze ans, les maisons de force recracheront les épaves, pièces détachées de ce soulèvement. L'accusation circulera. De nombreux paquets de faute seront adressés et distribués. Notre paquet est déjà là. (Il remet l'original et la copie à son assistante Litthenner et à Podulla.) Soyez assez bons et jouez-moi les messagers. L'original au siège du Comité central ; la copie devrait être déposée en lieu sûr chez des amis de l'Ouest.
Podulla : Patron, ça va ricaner qu'on joue sur les deux tableaux.
Le Patron : Puisqu'il y en a deux, nous misons sur les deux.

Cette tragédie allemande – *Les plébéiens répètent l'insurrection* –, quand en janvier 1966 elle fut jouée en première au Schillertheater de Berlin, prit en travers la critique à l'Est et à l'Ouest. Là-bas, condamné comme « contre-révolutionnaire », ici comme « antibrechtienne », elle a bientôt disparu des scènes. Réconforté par les présents développements révolutionnaires, l'auteur s'accorde le droit de miser sur la longévité des *Plébéiens*.

Mais j'ai anticipé. Témoin oculaire, à vingt-cinq ans, du 17 juin 1953, je n'étais pas en mesure de réagir en écrivant à chaud ; le passé, les pertes, son origine, la honte le retenaient. Et c'est seulement trois ans plus tard, quand je quittai Berlin pour Paris, que – mes distances prises avec l'Allemagne – j'eus la parole et le souffle qu'il fallait pour écrire les mille cinq cents pages de prose, ce qui m'était nécessaire malgré et après Auschwitz. Poussé par la démesure spécifique de la profession, mu par une chronique fureur d'écrire, sans interruption, quoique en plusieurs versions, naquirent à Paris puis, après mon retour, à partir de 1960 à Berlin les livres *Le Tambour, Le Chat et la Souris* et *Les Années de chien*.

Pas un écrivain, je l'affirme, ne peut de soi seul se lancer dans un projet épique sans y être poussé, provoqué, sans être amené par l'extérieur dans de pareilles montagnes d'éboulis à perte de vue. C'est à Cologne où j'étais de passage que Paul Schallück m'incita à écrire en prose ; ce qui me défiait alors, c'était la démonisation quotidienne, gouvernementale de l'époque du national-socialisme – je voulais éclairer à fond, étaler au grand jour le crime ; et celui qui me poussa, après quelques rechutes, à continuer quand même, ce fut un ami d'une fréquentation difficile, à peine accessible : Paul Celan, avant que je n'eusse compris que le premier livre avec ses sept cent trente pages galopantes n'était qu'un début, qu'il fallait éplucher peau après peau l'oignon épique profane et que je ne devais pas me mettre en congé de cette entreprise. Il m'insuffla le courage d'insérer dans mon univers romanesque petit-bourgeois des figures fictives comme Fajngold, Sigismond Markus et Eddie Amsel, des Juifs pas nobles mais ordinaires et excentriques.

Pourquoi Paul Celan dont, sur la fin des années cinquante, les mots se faisaient de plus en plus rares, dont le langage et l'existence couraient à l'impasse ? Je ne sais pas. Aujourd'hui, je crois savoir que lui, le survivant, pouvait à peine supporter encore de survivre après Auschwitz, finalement ne le pouvait plus.

Je dois beaucoup à Paul Celan ; incitation, contradiction, la notion de solitude, mais aussi l'intuition qu'Auschwitz n'a pas de fin. Son aide n'était pas fournie directement, mais se dispensait en incidentes, par exemple lors de promenades dans des parcs ; l'impact ou l'immixtion de Paul Celan fut plus sensible sur *Les Années de chien* que sur *Le Tambour* ; par exemple au début du conte final du livre second, quand à côté de la batterie de DCA de Kaiserhafen s'entasse une montagne d'ossements qu'alimente, situé près de Danzig, le camp de concentration de Stutthof :

Il était une fois une fille qui s'appelait Tulla
et avait le front pur d'une enfant. Mais rien n'est pur. La neige non plus. Aucune vierge n'est pure. Même le porc n'est pas pur porc. Le Diable n'est jamais à l'état pur. Aucun son pur ne s'élève. Tous les violons le savent. Toutes les étoiles le tintent.

35

Tous les couteaux l'épluchent ; même la pomme de terre n'est pas pure : elle a des yeux qu'il faut crever.

Mais le sel ? Le sel est pur ! Non, le sel non plus. C'est seulement marqué sur les sacs : sel pur. Il fait du dépôt. Qu'est-ce qui se dépose ? Pourtant on le lave. Rien ne se lave au point d'être purifié. Mais les corps simples ? Purs ? Ils sont aseptiques, mais non purs. L'idée reste-t-elle pure ? Même au début elle ne l'est pas. Jésus-Christ pas pur. Marx, Engels pas purs. La cendre n'est pas pure. Et l'hostie n'est pas pure. Aucune idée ne sauve la pureté. Même la fleur de l'art n'est pas pure. Et le soleil a des taches ! Tous les génies ont leurs jours néfastes. Sur la douleur nage l'hilarité. Au fond du rugissement est incrusté le silence. Des compas s'appuient aux angles. Mais le cercle, lui, est pur !

Aucun cercle ne se ferme purement. Car si le cercle est pur, alors la neige aussi, la Vierge, les porcs, Jésus-Christ, Marx et Engels, la cendre impalpable, toutes les douleurs, l'hilarité, à gauche le rugissement, à droite le silence, les passés sans tache, les hosties ne sont plus du sang et les génies n'ont plus de pertes, tous les angles sont purs, les compas pieux feraient des cercles : purs et humains, porcins salés, diaboliques, chrétiens et marxistes, hilares, rugissants, ruminants, silencieux, sacrés, ronds, purs, anguleux. Et les os, en montagnes blanches récemment entassés, s'élèveraient purs et sans corbeaux, magnificence pyramidale. Mais les corbeaux, qui ne sont pas purs grinçaient faute d'huile dès hier : rien n'est pur, ni cercle, ni ossement. Et les montagnes factices, pour mettre en tas la propreté, seront fondues, bouillies, écumées pour faire à bon marché un savon pur ; mais le savon lui-même ne purifie pas ce qu'il lave.

Le roman *Les Années de chien* – qui, je ne sais pourquoi, doit démontrer son mordant à l'ombre du *Tambour* et pour cette raison et pour d'autres est resté proche de l'auteur – mettait provisoirement un terme à mes travaux de prosateur. Non point que je fusse épuisé, mais je croyais un peu vite m'être en écrivant libéré de quelque chose qui désormais resterait derrière moi, non liquidé mais achevé.

Quand, l'été de l'an dernier, un contrat de la Radiodiffusion hessoise me donna l'occasion, à Göttingen, de lire tout *Le Tambour* en douze soirées j'eus à me relire, l'aubaine – en sus de l'effort volontaire – de regarder pardessus l'épaule du jeune écrivain que j'avais été : comment, sur l'idée de base d'une pièce qui ne fut jamais écrite, l'épilogue de la Poste polonaise fut transformé en chapitre du château de cartes. Quand, pour la première fois, je me ressouvenais du mot « poudre effervescente ». A quels visiteurs de Paris j'avais lu des chapitres du *Tambour* en première version ; et continuellement Walter Höllerer ; et à quel point il se préoccupait des annonces de décès à répétition du roman.

Trente ans plus tard, c'est facile à dire : ensuite tout devint plus pénible. Le renom, las de lui-même, faisait frein. Des amitiés devenaient friables. Des critiques éperdus d'attente insistaient pour que Danzig, seul Danzig avec ses environs plats ou monteux, fût admis comme mon thème. A peine m'étais-je appliqué, soit par la pièce de théâtre *Les plébéiens répètent l'insurrection* soit derechef en prose –*Anesthésie locale* et *Journal d'un escargot* –, à l'actualité, voire à entrer dans le menu détail provincial lors d'une campagne électorale d'Allemagne fédérale où, de surcroît, je m'engageais politiquement en qualité de citoyen, le verdict était tout prêt : Il ferait mieux de rester à Danzig chez ses Kachoubes. Jusqu'à présent, la politique n'a fait que nuire à tout auteur. Goethe le savait déjà. Et autres mises en garde pédantesques.

Pourtant il n'est pas question de tant de précautions

pour aborder « Écrire après Auschwitz ». Le passé jette une ombre portée sur le terrain d'aujourd'hui et d'hier. J'ai par la suite appelé « pas-pré-futur » ma notion du temps qui fut mise à l'essai dans le *Journal*. Par référence au fragment de Heine, *Le Rabbin de Bacharach*, il fallait d'une part retracer l'histoire de la communauté synagogale de Danzig jusqu'à son anéantissement, donc revenir sur le passé ; d'autre part j'étais engagé dans le présent. Le scrutin de 1969 était grevé d'un consensus au nom duquel un ancien national-socialiste devait être supportable comme chancelier fédéral de la Grande Coalition; et, sur un troisième plan narratif, il fallait chercher des matériaux pour un essai sur la gravure sur cuivre *Mélancolie I* d'Albrecht Dürer. La forme de ce journal présent dans les trois époques fut déterminée par les questions de mes enfants.

« Et où donc tu veux encore aller demain ? »

« A Castrop-Rauxel. »

« Et qu'est-ce que t'y vas faire ? »

« Parler parler. »

« Toujours le SPD ? »

« Ce n'est qu'un début. »

« Et qu'est-ce que t'apportes cette fois ? »

« Plus ou moins : moi. »

...et la question de savoir pourquoi le papier de tenture ne voulait plus tenir. (Ce qui monte avec les tripes à la mode et suiffe le palais.)

Car parfois, les enfants, à table, ou bien quand la télévision jette un mot (sur le Biafra), j'entends Franz ou Raoul s'enquérir des Juifs :

« Qu'est-ce qu'il y avait donc avec ceux-là ? »

38

Vous remarquez que je marque un temps d'arrêt dès que j'abrège. Je ne trouve pas le chas de l'aiguille et commence à dégoiser : A cause de ce que, et avant parce que, tandis qu'en même temps ce, et qu'après que encore ce...

J'essaie, plus vite qu'ils ne repoussent, d'éclaircir des forêts de données. Percer des trous dans la glace et les maintenir ouverts. Ne pas suturer la plaie. Ne pas tolérer de sauts grâce auxquels l'Histoire, ce témoin peuplé d'escargots, peut aisément être quittée...

« Combien étaient-ils exactement ? »

« Et comment les a-t-on comptés ? »

Ce fut une erreur de leur nommer le résultat, le nombre à plusieurs zéros. Ce fut une erreur de chiffrer le mécanisme ; car le meurtre parfait donne faim de détails techniques et déclenche la question des pannes.

« Est-ce que ça marchait toujours ? »

« Et c'était quoi comme gaz ? »

Ouvrages illustrés et documents. Monuments antifascistes, construits en style stalinien. Signes de repentir et semaines de fraternité. Paroles huilées de réconciliation. Nettoyants et lyrisme habituels : « Quand la nuit tomba sur l'Allemagne... »

Maintenant, je vous raconte (tant que dure la campagne électorale et que Kiesinger est chancelier) comment chez moi, lentement et en détail, le plein jour se fit, la préparation du crime général débuta simultanément en des lieux nombreux, quoique avec une promptitude inégale ; à Danzig qui, avant le début de la guerre, n'appartenait pas au Reich allemand, les événements prirent du retard : à noter pour plus tard...

Dans ce livre qui fut publié en 1972 apparut, parce qu'on m'y demande la définition de ma profession, la réponse : « Un écrivain, les enfants, c'est quelqu'un qui écrit contre le temps qui fuit. » Accepter cette position pour écrire suppose que l'auteur ne se détache pas, ne se retranche dans l'achronie, mais voie les choses en contemporain, plus encore : qu'il s'expose aux vicissitudes du temps qui fuit, qu'il s'immisce et mette son grain de sel. Les dangers de cette immixtion et de cette prise de parti sont connus : la distance convenable à l'écrivain menace de disparaître ; son langage se voit tenté de vivre au jour le jour ; l'exiguïté des circonstances présentes peut aussi restreindre sa capacité de représentation entraînée à jouer sans entraves, il court le risque de verser dans l'essoufflement.

C'est sans doute parce que les risques de ma contemporanéité déclarée étaient conscients que, dès la première rédaction du *Journal* escargotique, j'ébauchai, encore en pleine tournée des circonscriptions – et tout en m'écoutant parler – comme en secret, ou derrière mon propre dos, un autre livre, un livre qui permît de remonter l'histoire et de mettre la langue à l'école du conte de fées. Cette fois encore, l'enjeu était total. Comme si j'avais voulu me remettre de l'escargot et des lenteurs programmatiques de mon porte-escargot, à peine le *Journal* était-il paru et une nouvelle campagne électorale bue jusqu'à la lie, je commençais les travaux préparatoires à un pavé épique : *Le Turbot*.

Ce livre a-t-il à faire avec mon sujet : « Écrire après Auschwitz » ? Il s'y agit de nourriture : de la bouillie de maïs à la côte de porc en gelée. Il s'agit d'abondance et de disette, de la grande bouffe et de la faim chronique. Il s'agit de neuf cuisinières et plus et de l'autre vérité du conte de fées : « Du pêcheur et de sa femme » : comment la souveraineté du mari veut toujours en avoir davantage, être toujours plus rapide, monter toujours plus haut, comment le mari se propose des objectifs finaux, décide la solution finale, est « au bout » ; ainsi s'appelle un des poèmes qui dans *Le Turbot* arrêtent le déroulement de la prose ou l'orientent vers une autre voie :

AU BOUT

Des hommes qui, selon l'expression connue
vont au bout,
sont déjà toujours allés au bout de leur pensée ;
mais le but final – la société épanouie –
a planté le poteau derrière des fosses communes ;
des hommes qui, de la somme de défaites datées
ne tirent qu'une conclusion : dans un nuage de fumée,
la victoire finale
sur une terre totalement brûlée ;
des hommes, quand lors d'une des conférences
quotidiennes,
après que le sommet de l'affreux se fut avéré
techniquement faisable,
ils décidèrent la solution finale,
qui, objectivement, virilement, ont décidé ;
des hommes aux vues larges,
l'importance attachée à leurs pas –
de grands hommes présomptueux
que personne, pas une pantoufle tiède
n'a pu retenir,
des hommes à l'idée abrupte que suivirent platement
des crimes,
sont-ils – on se le demande – au bout ?

Parvenu à ce point, je m'avise que le sujet de mon exposé veut me contraindre avec insistance à rendre des comptes, même si un récit comme *Une rencontre en Westphalie* parle par lui-même. Antidater le « Groupe 47 », ce non-club littéraire auquel je dois beaucoup, était une opération aisée, voire ludique ; il en fut autrement pour un livre qui devait marquer le début de la décennie d'Orwell, les années quatre-vingt : *Les Enfants par la tête ou les Allemands se meurent.* Comme déjà dans *Le Turbot* au chapitre « Le retour de Vasco », ce n'est plus l'Europe, plus l'Allemagne double et sûrement pas Danzig-Gdansk qui sont la mesure de toutes choses, mais ce sont les populations à reproduction galopante et croupissant dans une misère croissante de l'Asie, et ce qu'on appelle le dénivelé Nord-Sud, qui exercent leur pression et contraignent le récit à des voltiges utopiques. Car, vu de Chine, d'Indonésie et de l'Inde, le vieux continent se réduit aux dimensions d'un jouet, la « Question allemande » avoue enfin son importance de troisième ordre et le fait d'écrire par force après Auschwitz se trouve un renouveau ou un supplément de problématique.

Où la littérature peut-elle encore déboucher si l'avenir est déjà anticipé et envahi de bilans statistiques effrayants ? Qu'est-ce qui vaut encore d'être raconté si l'aptitude du genre humain à se détruire soi-même et toutes autres vies de trente-six façons pouvait être quotidiennement mise à l'épreuve ou bien si on la pratique sous la forme de jeux programmés ? Sinon, rien ; pourtant l'autodestruction par l'atome, possible d'une heure à l'autre, ramène à Auschwitz et élargit la solution finale aux dimensions du globe.

Quiconque, étant écrivain, parvient à cette conclusion – et depuis le début des années quatre-vingt la course aux armements confirma récemment cette déduction – ne saurait élever le silence au rang de discipline écrite ou bien – et après trois ans de retenue j'ai recommencé à travailler à un manuscrit – il devra tenter de donner un nom à cette possibilité humaine : l'autodestruction.

La Ratte, livre par lequel je rêvais que je devais prendre congé..., fut un essai de reprendre le projet sinistré de mise en garde. Mais l'esprit du temps et – avec lui – le blablabla chèrement rétribué d'un trafic culturel et qui trouve en soi son comptant étaient insensibles. Ce qui caractérise les années quatre-vingt ce sont les foires artistiques s'entre-culbutant sur le marché, un théâtre en règle sur-mis en scène, et la gigantomanie de princes souverains fraîchement convertis à l'art. L'amusante fébrilité affairée du juste milieu et de ses animateurs qui s'attribuèrent le privilège du « Tout est possible » mais qui ne toléraient plus la pause – ce risque d'en rester là, pris d'épouvante –, cette inflexion dynamique ne trébucha qu'au moment où, à cheval sur la frontière strictement défendue du bien-être, les peuples d'Europe orientale et centrale successivement se soulevèrent et donnèrent un sens à des termes surannés tels que solidarité et liberté.

Depuis lors, il est arrivé quelque chose. Mesuré à cet effort, l'Ouest est pantois. Le cri venu d'en face « Nous sommes le peuple ! » n'a pas eu de répondant ici. On est déjà libre, disait-on. Nous avons déjà tout ; il nous manque l'unité. – Et déjà ce qui fut hier l'espoir et fit connaître l'Europe tourne à la revendication allemande. Il faut encore une fois que ce soit « l'Allemagne entière ».

Ayant placé mon exposé sous la pesante suscription « Écrire après Auschwitz », en faisant ensuite un bilan littéraire, je veux tenter pour finir de confronter la césure, la rupture de civilisation Auschwitz à l'appétit allemand de réunification. Contre tout courant passionnel, renforcé par l'appel aux passions, contre la puissance d'achat de l'économie ouest-allemande – moyennant DM sonnants, on peut se payer l'unité –, voire contre un droit d'autodétermination dont d'autres peuples jouissent sans restriction, contre tout cela Auschwitz parle, parce que l'une des prémisses de l'énormité – à côté d'autres impulsions motrices plus anciennes – a été l'Allemagne unie.

Ce ne sont pas la Prusse, la Bavière ni même l'Autriche qui, de leur propre chef, auraient pu dégager et mettre en œuvre la méthode et la volonté du génocide ; il fallait que ce fût l'Allemagne entière. Nous avons toute raison de nous craindre en unité capable d'agir. Rien, pas un sentiment national aussi teinté d'idylle qu'on voudra, même pas l'affirmation solennelle d'une certaine bonne volonté primée, ne peut annuler cette expérience que nous relativisons ou même abolissons étourdiment mais que nous avons faite en acteurs – que les victimes ont faite avec nous – à titre d'Allemands unis. Nous ne contournons pas Auschwitz. Nous ne devrions pas davantage essayer, quelque envie qu'on en ait, cette rupture violente parce que Auschwitz fait partie de nous, flétrissure durable de notre histoire et – voici le gain ! – a rendu possible une intuition qui pourrait être : maintenant, enfin nous nous connaissons.

La réflexion sur l'Allemagne est aussi une part de mon travail littéraire. Depuis le milieu des années soixante jusqu'au trouble récurrent du temps présent, il y a eu des occasions de parler et d'écrire. Souvent ces rappels nécessairement nets parurent à nos contemporains un excès

d'immixtion, de – comme ils disaient – grain de sel littéraire. Cela ne me soucie pas. Plutôt l'insatisfaction, bilan
de trente-cinq ans. Il faut dire une chose qui ne fut jamais
dite. Une vieille histoire veut être racontée tout autrement.
Voici deux phrases qui feront peut-être encore fortune.

Ainsi mon discours trouvera son point final, mais on ne
saurait promettre de fin au fait d'écrire après Auschwitz,
sauf si le genre humain renonçait à vivre.

Discours prononcé le 13 février 1990 dans
le cadre de la Chaire de poésie de l'université Johann-Wolfgang Goethe, Francfort-sur-le-Main.

Bref discours
d'un individu sans patrie

Peu avant Noël, comme, venant de Göttingen, j'allais, à Hambourg-Gare centrale, changer de train pour Lubeck, un jeune homme vint sur moi, m'arrêta bel et bien, me traita de traître à la patrie, me planta là sur ce mot retentissant, revint, après que j'eus avec un flegme passable acheté un journal, pour proclamer à haute et intelligible voix, non par une menace discrète, qu'il était temps d'en finir avec les gens de mon espèce.

Après une première contrariété que je sus rejeter étant encore sur le quai, je roulai pensif vers Lubeck. « Traître à la patrie ! » C'est un mot qui, accouplé aux « individus sans patrie [1] », appartient au stock de l'histoire allemande. Le jeune homme n'avait-il pas raison de donner libre cours à sa fureur ? N'est-il pas vrai que cette patrie pour le bien de laquelle il faut en finir avec mes semblables ne peut m'être et demeurer dérobée ?

C'est comme ça. Je ne redoute pas seulement l'Allemagne simplifiée en un seul État fait de deux. Je refuse l'État

---

1. « Individus sans patrie » : slogan bismarckien désignant les socialistes de l'Internationale.

unique et serais soulagé si – que ce soit par clairvoyance allemande ou par objection des voisins – il ne se faisait pas.

Naturellement, il ne m'échappe pas que mon point de vue soulève actuellement la contradiction, mieux : qu'il est susceptible de susciter des agressions en chaîne – en quoi je ne pense pas seulement au jeune homme de Hambourg. Il y a beaucoup plus subtil : la *Frankfurter Allgemeine Zeitung* règle leur compte à des gens qu'elle qualifie catégoriquement d'intellectuels de gauche. Il ne suffit pas à ses éditeurs que le communisme ait fait banqueroute ; avec lui c'est la fin du socialisme démocratique à visage humain rêvé par Dubček. Capitalistes et communistes eurent toujours en commun ceci : barrer préventivement une troisième voie. C'est pourquoi toute allusion à l'indépendance désormais acquise de la RDA et de ses citoyens est aussitôt noyée sous les chiffres des émigrants. La conscience d'exister qui malgré quarante ans d'oppression s'est développée dans la douleur et finalement imposée par la révolution ne peut solliciter qu'une impression en petits caractères. Il s'agit de faire naître ainsi l'impression qu'à Leipzig et à Dresde, à Rostock et à Berlin-Est ce n'est pas le peuple de la RDA mais le capitalisme occidental qui a vaincu sur toute la ligne. Et déjà on fait du butin. A peine l'une des idéologies a-t-elle dû desserrer sa prise, puis renoncer que l'autre idéologie se pointe selon une vieille habitude. On montre au besoin les instruments de torture de l'économie de marché. Qui ne marche pas n'aura rien. Pas même des bananes [1].

---

1. Produit rare, rationné à l'Est.

Non, je ne veux pas d'une patrie indécemment triomphante, agrandie par mainmise, bien que, sauf quelques idées, je n'aie plus de recours contre cet enfantement bouffon. Je redoute déjà – sous quelque étiquette qu'elle se camoufle – une obligatoire réunification. Le robuste deutsche Mark y pourvoira ; y pourvoira la presse Springer, désormais en cheville avec les impudents billets du lundi de Kurt Augstein, par d'énormes tirages ; et la faculté allemande d'oubli sera de la partie.

Au bout du compte, nous nous compterons tout juste quatre-vingts millions. Nous serons de nouveau unis, forts et – même en essayant de parler tout bas – bruyamment perceptibles. Finalement – parce que assez n'est jamais assez – nous parviendrons, grâce à la solidité du deutsche Mark – et après avoir reconnu la frontière occidentale de la Pologne –, à soumettre économiquement un bon bout de Silésie, un petit bout de Poméranie et – selon le modèle de l'imagerie allemande – à être à nouveau redoutables et violés.

Je trahis dès maintenant cette patrie ; ma patrie devrait être plus multiple, plus diverse, plus conviviale, mieux instruite par l'expérience et plus adonnée à l'Europe.

Le cauchemar fait face au rêve. Qu'est-ce qui nous empêche de venir en aide à la République démocratique allemande et à ses citoyens par une juste péréquation des charges si longtemps attendue, afin que l'État puisse se consolider économiquement et démocratiquement et que ses citoyens aient moins de mal à rester chez eux ? Pourquoi faut-il sans cesse, à la Confédération allemande qui pourrait être tolérable pour nos voisins, superposer un machin, tantôt un État fédéral vaguement inspiré de l'église Saint-Paul [1], puis encore, comme s'il fallait qu'il en fût ainsi, sous forme d'une Grande République fédérale ? L'unité large, la superficie étatique agrandie, la concentration des forces économiques sont-elles donc un plus désirable ? Est-ce qu'encore une fois ce n'est pas beaucoup trop ?

Depuis le milieu des années soixante, je me suis, dans des discours et des articles, élevé contre la réunification et prononcé pour une confédération. Voici encore un coup ma réponse à la question allemande. Je me résumerai non en dix points mais en cinq.

Premièrement : une confédération allemande supprime la situation d'après-guerre des deux États allemands comme étrangers l'un à l'autre ; abat une frontière indigne séparant aussi l'Europe en deux et tient compte des soucis ou des inquiétudes de ses voisins en renonçant dans une assemblée constituante à la réunification en un seul État.

Deuxièmement : une confédération des deux États allemands ne fait violence ni à l'évolution après guerre de l'un ni à celle de l'autre mais permet une innovation : la communauté autonome ; et elle est simultanément assez souveraine pour faire face aux obligations contractées par alliance *hic et nunc,* et de ce fait pour répondre au dispositif de sécurité européen.

Troisièmement : une confédération des deux États allemands est plus proche du processus d'unification européenne qu'un État unitaire surpuissant, d'autant que l'Europe unie sera confédérale et devra pour ce motif surmonter le statut traditionnel d'État national.

1. Édifice gothique de la vieille ville de Francfort où siégea le Parlement provisoire de 1848.

Quatrièmement : une confédération des deux États allemands mène à une autre désirable conscience de soi-même. Face à l'histoire allemande, elle porte une responsabilité commune comme nation culturelle. Cette compréhension de la nation reprend les efforts avortés de l'assemblée de l'église Saint-Paul, s'entend comme concept culturel élargi de notre temps et synthétise la multiplicité de la culture allemande sans nécessiter de proclamer l'unité étatique.

Cinquièmement : une confédération des deux États allemands d'une seule nation culturelle, par sa simple existence liquidatrice de conflit, serait une impulsion vers la solution de problèmes totalement différents et pourtant comparables, soit en Corée, en Irlande, à Chypre et aussi au Moyen-Orient, partout où l'action agressive des États nationaux a placé ou veut déplacer des frontières. La solution de la question allemande par une confédération pourrait devenir un exemple.

A ce propos, quelques remarques : il n'a existé d'État allemand unifié de diverse étendue que le temps d'à peine soixante-quinze ans : l'Empire allemand sous hégémonie prussienne ; la république de Weimar menacée d'échec dès ses débuts ; enfin, jusqu'à la capitulation sans condition, l'Empire grand-allemand. Nous devrions savoir, nos voisins savent combien de souffrances cet État unitaire a provoquées, quelle masse de malheurs il a apportée à d'autres et à nous. Le crime de génocide résumé sous le signe d'Auschwitz et impossible à relativiser pèse sur cet État unitaire.

Jamais – jusqu'à présent – des Allemands ne se sont au cours de leur histoire jetés dans un décri aussi formidable. Ils n'étaient pas meilleurs, pas pires que d'autres peuples.

Une mégalomanie saturée de complexes a réduit les Allemands à ne pas réaliser leur possibilité de se retrouver sous forme de nation culturelle dans un seul État et, à la place, de forcer la naissance de l'État unitaire en Reich. Il fut la condition primordiale d'Auschwitz. Il devint la base de l'antisémitisme latent, usuel même ailleurs, l'État unitaire allemand fit de l'idéologie raciale national-socialiste un fondement d'une affreuse efficacité. Hors de cette voie, pas d'issue. Quiconque à présent pense l'Allemagne et cherche des réponses à la question allemande doit inclure Auschwitz. Le lieu d'épouvante, cité comme exemple de traumatisme durable, exclut à l'avenir un État unitaire allemand. Si, comme il reste à craindre, il s'impose quand même, son échec est écrit d'avance.

A Tutzing [1], voici plus de deux décennies, fut forgé le slogan « Changement par rapprochement » ; formule longtemps contestée, finalement confirmée : le rapprochement appartient pour l'instant à la quotidienneté politique, la République démocratique allemande a changé... par la volonté révolutionnaire de son peuple ; n'a pas encore changé la République fédérale d'Allemagne dont le peuple suit les efforts d'en face avec un mélange d'admiration et de condescendance : « On ne veut pas s'en mêler, mais... »

Et déjà l'immixtion est de rigueur. L'aide, une aide réelle n'est donnée que sous conditions ouest-allemandes. Propriété, bon ; mais s.v.p. pas de propriété du peuple. L'idéologie occidentale du capitalisme qui veut voir supprimé tout autre -isme s'exprime pistolet au poing : ou bien l'économie de marché, ou bien...

1. La localité à l'ouest du lac de Starnberg ; siège d'un colloque en 1970.

52

Qui ne fera pas haut les mains, s'abandonnant aux bienfaits du plus fort dont l'impudence est si visiblement atténuée par le succès. Je crains que nous autres Allemands ne refusions la seconde possibilité de réfléchir sur nous-mêmes.

Être nation culturelle dans une multiplicité confédérée est manifestement trop peu pour nous ; et un « rapprochement par changement » – parce que seulement coûteux – c'est trop demander. Mais si c'est une question de gros sous, la question allemande n'aura pas de réponse.

Que disait le jeune homme en gare de Hambourg-Centrale ?

Il a raison. Qu'on me range s'il le faut parmi les individus sans patrie.

Die Zeit, Hambourg, 7 février 1990.

Péréquation des charges

Il y a vingt ans, Gustav Heinemann parlait de ces « patries au destin difficile », il en nomma une précisément : l'Allemagne. Cette perspicacité se confirme présentement. Une fois encore, on a le sentiment que la conscience nationale éclairée se trouve submergée par le sentiment national diffus ; c'est dans un sentiment qui va de l'anxiété jusqu'à l'effroi que nos voisins prennent connaissance de cette volonté d'unité qu'ont suscitée des discours immodérés.

Pourtant l'événement vrai, qui nous fait voir de quelle façon le peuple de la RDA, de jour en jour, arrache de plus en plus de libertés en rasant, sans violence aucune, les bastions du système honni, ce processus unique dans l'histoire allemande, parce que révolutionnaire et malgré tout victorieux, menace de passer à l'arrière-plan. D'autres intentions, secondaires celles-là, se glissent au premier rang. Quelques politiciens ouest-allemands revendiquent le devant de la scène, et bien évidemment les feux de la rampe. Tandis que le gouvernement fédéral, le ministre des Finances en tout premier lieu, drapé dans le scintillant de ses promesses, présente toujours plus haut la corbeille de fruits, exigeant ainsi des révolutionnaires d'en face des cabrioles toujours plus risquées, le chancelier fédéral tente d'attirer sur lui et son programme en dix points l'attention du monde.

Et c'est ce patchwork d'homme politique artistement déclamé qui trouva l'approbation. Quelques ébauches raisonnées firent illusion face aux contradictions et aux omissions électoralistes ; une fois encore, on refusa la reconnaissance absolue de la frontière occidentale de la Pologne.

Le lendemain, on dégrisa. Le charme trompeur s'effaçait. La réalité, c'est-à-dire les inquiétudes justifiées et basées sur l'expérience de nos voisins, rattrapait le Bundestag allemand. Le mot extensible « réunification » avait explosé parce qu'aucune personne dotée de raison et de mémoire ne peut tolérer qu'à nouveau surgisse au cœur de l'Europe une puissance dominante : les Grandes Puissances, pour lesquelles on insistait encore une fois sur leur côté victorieux ? Certes pas. Les Polonais non plus, ni les Français, ni les Hollandais, ni les Danois. Mais pas nous les Allemands non plus, car cet État unifié, dont les exécuteurs, au cours de ces seules soixante-quinze années, ont tour à tour écrit à notre compte et à celui des autres, dans le livre de l'histoire, souffrance, ruine, défaite, réfugiés par millions, morts par millions et le fardeau des crimes à assumer, ne réclame aucune nouvelle mouture et ne devrait – pour complaisamment que nous nous entendions à nous comporter entre-temps – jamais plus enflammer de volonté politique.

Tirons bien plus la leçon de nos compatriotes de la RDA à qui la liberté ne fut pas donnée gratis comme aux citoyens de la République fédérale, qui, contre la résistance du système-pieuvre, ont dû arracher leur liberté ; c'est là une performance obtenue par ceux d'en face devant laquelle nous autres, accablés de richesse, faisons figure de pauvres.

Mais à quoi bon cette arrogance qui fait étalage de ses buildings de verre et de ses excédents commerciaux. A quoi bon ces rodomontades en matière de démocratie dont nous avons compris les premières leçons avec tout au plus la mention « passable ». A quoi bon ce triomphe comparé aux scandales d'en face lorsque nos scandales, depuis Neue Heimat jusqu'à l'histoire de Celle, en passant par Flick et Barschel, ne peuvent se débarrasser de leurs relents nauséabonds. Et que dire – comparé aux modestes demandes de ces soi-disant crève-la-faim d'en face – de cette autosuffisance faite homme sous l'apparence de Helmut Kohl ! Avons-nous oublié, voulons-nous, habiles que nous sommes à refouler, encore maintenant refouler que c'est précisément sur la plus petite des deux Allemagnes que pèse bien plus que ne le veut l'équité le fardeau de la guerre perdue ?

Voilà à quoi ressemblaient les possibilités de la RDA après 1945, voilà quelle est leur incidence jusqu'à ce jour : à peine le système totalitaire grand-allemand a-t-il perdu le pouvoir que déjà le système stalinien frappe, avec des coercitions nouvelles et d'autres tout aussi bien connues parce qu'anciennes. Exploités économiquement par une Union soviétique qui fut auparavant exploitée et détruite par le Reich grand-allemand, aussitôt confrontés aux chars soviétiques lors de la révolte ouvrière de juin 1953, finalement emmurés, les citoyens de la République démocratique allemande ont dû payer l'addition, et même dû payer par procuration pour les citoyens de la République fédérale, voire rajouter le pourboire. Sans équité aucune, c'est non pas nous pour eux, mais bien eux pour nous qui se sont chargés du fardeau essentiel que constituait cette Deuxième Guerre mondiale perdue par tous les Allemands.

Donc nous leur sommes redevables de pas mal de choses. On ne demande point « un-petit-coup-de-main » condescendant ou bien le rachat en vrac d'une « RDA véreuse », bien plutôt une péréquation globale des charges, prenant effet tout de suite et sans préalables. La réduction des dépenses militaires et un impôt spécial qui touche chaque Allemand de l'Ouest en fonction de sa fortune peuvent financer cette dette hypothécaire.

J'attends de mon parti, le Parti social-démocrate allemand, qu'il prenne en compte cette péréquation juste, retardée et évidente des charges et qu'il en fasse au Bundestag l'un de ses chevaux de bataille.

Ce n'est qu'à ce moment-là, lorsque, pour nos concitoyens de RDA qui sont épuisés, qui surnagent à peine, et qui pourtant doivent encore arracher de vive force leur liberté morceau par morceau, justice sera faite aussi de notre côté, ce n'est qu'à ce moment-là qu'ils pourront être sur un pied d'égalité avec nous, et que nous pourrons parler et négocier avec eux sur l'Allemagne et l'Allemagne bis, sur les deux États issus d'une même histoire et d'une même nation culturelle, sur deux États confédérés dans la maison européenne. L'autodétermination sous-entend une indépendance globale, y compris économique.

Une fois écartées les fantasmagories de la rhétorique réunificatrice, au goût tellement séducteur mais à la longue inutiles, il devient clair que la communauté contractuelle proposée par le Premier ministre de RDA correspond à la situation véritable et à ses possibilités plus lointaines. Ainsi des commissions paritaires pourraient, en plus des questions aisément accessibles dans les domaines des transports, de l'énergie et des postes, régler cette péréquation des charges exigible de la RFA et attribuée à la RDA ; elles pourraient faire de la réduction progressive des budgets militaires la pierre angulaire d'une politique de paix ; elles pourraient ensuite coordonner sous un même chapeau allemand la politique d'aide au tiers monde ; et aussi enrichir de nouveaux contenus la notion de nation culturelle élaborée par Johann Gottfried Herder ; elles pourraient – et ce n'est pas la moindre des choses – mettre un terme à une pollution de l'environnement qui de toute façon transgresse les frontières.

Ces efforts, et d'autres, s'ils sont couronnés de succès, créeront le terrain nécessaire à d'autres rapprochements interallemands et aplaniront de la sorte la route menant à une confédération des deux États ; cette dernière, à vrai dire, si elle est voulue, sous-entend une renonciation à un État unitaire dans le sens d'une réunification.

Une réunification en tant qu'absorption de la RDA aurait pour conséquence des pertes qui seraient irréparables : car il ne resterait rien aux citoyens de l'autre État, dès lors confisqué, de leur identité douloureuse, finalement acquise dans une lutte incomparable ; leur histoire succomberait à la sourde loi de l'unité. Nul profit sinon une angoissante augmentation de puissance, toute bouffie de l'envie d'une puissance toujours plus renforcée. En dépit de toutes les protestations, même des protestations bien intentionnées, nous, nous les Allemands, serions de nouveau objet de crainte. Parce que, vu chez nos voisins emplis d'une méfiance justifiée avec un recul toujours grandissant, le sentiment d'isolement pourrait bientôt de nouveau resurgir et, après lui, cette mentalité synonyme de danger public qui, par commisération envers soi-même, se conçoit « entourée d'ennemis ». Une Allemagne réunifiée serait un colosse complexé qui serait un obstacle à lui-même et à une Europe unie.

Par contre une confédération des deux États allemands et leur renonciation expliquée à un État unitaire viendraient au-devant de l'unification européenne, d'autant que celle-ci, identique à la nouvelle conscience de soi allemande, sera aussi confédérale.

En tant qu'écrivain pour qui la langue allemande constitue une capacité de franchissement des frontières, je suis, tant que, dans ma capacité de critique, j'aligne des phrases, confronté à ce c'est-l'un-ou-c'est-l'autre, à ce tout-ou-rien néfaste. Une troisième possibilité nous reste encore ouverte comme réponse à la Question allemande. J'attends de mon parti qu'il reconnaisse cette possibilité et qu'il la traduise en termes politiques.

Le SPD est, depuis des décennies, précurseur et architecte d'une politique interallemande pacifique parce que prenant en compte l'histoire. Si cela ne fut pas le cas plus tôt, maintenant il apparaît, après la faillite du dogme communiste, que l'avenir appartient à l'échelle mondiale au socialisme démocratique. Je le confesse : le retour d'Alexandre Dubček sur la scène politique m'a ému, mais aussi confirmé dans ma démarche politique. A nous les sociaux-démocrates, les changements en Europe orientale et centrale devraient donner de nouvelles impulsions. Trop nombreux furent les hésitants qui, bien souvent, paralysèrent notre énergie provoquée. Les années quatre-vingt-dix exigeront de nous une volonté de concrétisation politique. Au cours de l'histoire, les sociaux-démocrates ont parfois emprisonné cette volonté, mais aussi suffisamment prouvé son existence : d'August Bebel à Willy Brandt ; maintenant, Hans-Jochen Vogel, c'est ton tour.

Discours prononcé devant le Congrès du Parti social-démocrate d'Allemagne (SPD), Berlin, 18 décembre 1989.

Beaucoup de sentiment, peu de conscience

Interview publiée par Der Spiegel
et réalisée par Willi Winkler

SPIEGEL : Monsieur Grass, il y a vingt-huit ans, le lendemain de la construction du Mur, vous avez écrit une lettre ouverte à votre collègue de RDA Anna Seghers : vous y décriviez le choc que vous aviez ressenti à la vue des Vopos : « Je suis allé à la porte de Brandebourg et me trouvai face aux attributs indiscutables de la force brute et pourtant puant le cuir de porc. » Quels sentiments vous ont alors agité ce 9 novembre 1989 ?

GRASS : Je me suis dit que venait de se produire ici une révolution allemande : sans effusion de sang, l'esprit lucide et manifestement couronnée de succès. Notre histoire n'avait encore rien connu de tel.

SPIEGEL : Cette révolution a bien été extorquée au gouvernement SED par la fuite massive des émigrants à travers la Hongrie, et par le siège des ambassades à Prague et Varsovie. Sans cette pression exercée, elle n'aurait pas eu lieu.

GRASS : Ce fut une double pression. Une pression venue de l'émigration et une pression venue des protestations qui ont pris l'ampleur d'une révolution. C'étaient des masses en mouvement, comme cela ne s'était jamais vu en RDA.

Durant les 16 et 17 juin 1953 (qui ne furent pas un soulèvement populaire, mais plutôt une révolte ouvrière, qui dans les deux Allemagnes fut falsifiée, transformée en face en contre-révolution et ici, dans la rhétorique d'Adenauer, en soulèvement populaire), il n'y eut jamais que 350 000 personnes dans les rues.

SPIEGEL : Malgré tout, vous ne paraissez pas parfaitement satisfait de cette révolution.

GRASS : L'enchaînement des mutations n'a pas été le bon. Il aurait fallu pousser plus avant la démocratisation interne, annoncer l'ouverture des frontières. Il aurait fallu refaire les élections communales. En retour, cela aurait pu conduire à une restructuration de la RDA au plus haut niveau et en même temps donner plus de liberté de mouvement aux groupes d'opposition. Ils auraient pu ainsi acquérir la pratique politique qui manque à beaucoup.

SPIEGEL : Donc, vos sentiments sont foncièrement ambigus ?

GRASS : Ambigus dans la mesure où je me demande avec inquiétude si le plus petit des États allemands, dans la position où il se trouve, supportera cette ouverture de la frontière. Et ma seconde inquiétude porte sur ces vociférations réunificatrices qui se font de nouveau entendre dans une République fédérale en panne de projets concrétisables.

SPIEGEL : Mais le fait est que, suivant une interprétation conservatrice, la Loi fondamentale prévoit et impose la réunification.

GRASS : La Loi fondamentale ne dit rien sur la réunification ; dans le Préambule, il est question de l'unité des Allemands, et moi aussi, je suis pour.

SPIEGEL : Donc vous reprocherez à quiconque parle de l'impératif de réunification de ne pas connaître la Constitution.

GRASS : ...de ne pas connaître la Constitution, ou bien s'il la connaît, de parler faux en connaissance de cause.

SPIEGEL : Que diriez-vous de Helmut Kohl ?

GRASS : Je crois que le chancelier fédéral ne la connaît pas du tout. Mais un seul coup d'œil rapide lui montrerait que ce concept d'unité permet, rend possibles beaucoup de choses. Permet plus que ces revendications à la tout-ou-rien qui, en Allemagne, ont déjà beaucoup abîmé de choses. Nous avons l'un des camps qui s'en tient au *statu quo* et dit : pour des raisons de sécurité en Europe centrale, nous devons en rester au dualisme allemand. Et puis il y a l'autre alliance qui, à temps ou à contretemps, se retrouve toujours sur la réunification. Mais entre les deux, se situe la possibilité d'amorcer une entente entre les deux Allemagnes. Cela irait au-devant des besoins et du sentiment naturel allemands, et même nos voisins seraient en mesure de l'accepter. Non pas, donc, une puissance dominante dans le sens d'une réunification, non plus une insécurité dans le sens d'une dualité d'États, deux chiens de faïence étrangers l'un à l'autre, mais bien une confédération de deux États qui devraient retrouver leur nouveau mode de définition. Rien ne sert de lorgner vers le Reich allemand, que ce soit dans les frontières de 1945 ou dans celles de 1937 ; c'en est fini. Nous devons nous trouver un nouveau mode de définition.

SPIEGEL : Mais l'unification allemande, depuis les guerres de libération nationale, revenait toujours à une seule nation, un État commun.

GRASS : Aucunement. Autrefois, à l'église Saint-Paul en 1848, on discuta d'une foule de concepts. Je préfère me reporter au concept de Herder une seule nation culturelle.

SPIEGEL : Aujourd'hui, la notion de confédération se trouve être entachée...

GRASS : Pourquoi ?

SPIEGEL : Les plans de confédération d'Ulbricht, issus des années cinquante et soixante, ont toujours été pour la jeune République fédérale un spectre épouvantable.

GRASS : Ce serait faire trop d'honneur à Ulbricht que de lui permettre après coup de retirer de la circulation une notion utilisable. On trouve une confédération dans de nombreux États démocratiques. Pour d'autres raisons encore, les deux Allemagnes vont au-devant d'une telle confédération. Le principe fédéraliste, en République fédérale, ne nous a en fait apporté que du bon, et ce, malgré certaines lourdeurs, et je souhaite que, au cours des années à venir, la RDA connaisse un phénomène comparable de résurgence des anciens Länder.

SPIEGEL : Est-ce que ce reproche de paresse ne devrait pas non plus s'adresser à votre camarade de parti Egon Bahr qui a pourtant dit : Pour l'amour de Dieu, évitons de toucher à cette double entité ?

GRASS : Alors, dans ce cas, la paresse serait bien la dernière chose que je reprocherais à Egon Bahr, car il a *été* l'une des têtes pensantes les plus agiles. C'est là que s'applique alors ma critique. Je crois qu'Egon Bahr lui aussi a été surpris par la tournure soudaine des événements – cela ne va pas à l'encontre de sa démarche – et que, dans sa politique des petits pas, il a toujours soigneusement visé d'assurer le succès de ces petits pas. C'est pour cela qu'il ne touchera pas à la double entité allemande. Même avec les meilleures intentions du monde, la réunification ne contribuerait qu'à nous isoler. Et si l'Allemagne se sent isolée, nous ne connaissons que trop sa réaction panique à répétition.

SPIEGEL : Mais est-ce qu'une RDA accouplée dans le cadre d'une confédération ne deviendrait pas un satellite de la Communauté européenne ?

GRASS : Je me refuse à voir cela dans un ensemble tout noir-tout blanc. Ici l'économie socialo-marxiste à bout de souffle, et là un élément bien agencé du capitalisme. Le capitalisme lui aussi présente, d'un pays à l'autre, des images de marque variables. Donc on peut aussi, du côté capitaliste, établir des distinctions, et utiliser des méthodes qui soient acceptables pour la RDA, qui ne conduisent pas à une déformation ni à un rejet, qui ne conduisent pas à de nouvelles tensions sociales, et si possible aussi avec une avancée juridique telle celle que nous sentons ici par suite des tares de la politique capitaliste.

SPIEGEL : Qu'est-ce qui peut donc amener la RDA à une dualité un tant soit peu ressemblante des deux États allemands ?

GRASS : Quelque chose qui a probablement sauté aux yeux de quiconque est déjà allé en RDA, quelque chose qui nous manque à nous : un rythme de vie plus lent, par conséquent plus de temps pour discuter. Une société toute faite d'alvéoles (je crois que l'expression vient de Günter Gaus) est apparue, quelque chose de prudhommesque comme au temps de Metternich. Un quelque chose dont je ne sais pas s'il n'est pas déjà évanoui avec cette ouverture sur la rue et la démocratie.

Spiegel : Vous croyez sérieusement que ce renouveau prudhommesque tardif pourrait résister à l'ouragan économique de l'Ouest ?

Grass : Nous oublions, dans cette attention que nous prêtons nécessairement au problème interallemand, que les vrais problèmes du moment restent occultés, et que dans quelques semaines ou mois ils resurgiront : une destruction galopante de l'environnement. Le rapprochement interallemand ne réduit pas pour autant le trou dans la couche d'ozone.

Spiegel : Permettez-nous de revenir à nouveau sur vos sentiments : auriez-vous, la semaine dernière au Bundestag, entonné le *Deutschland über alles* ?

Grass : Probablement. Très certainement avec d'autres pensées que ceux qui l'ont lancé. Je soupçonne même que ceux-là avaient la réunification en vue. Depuis, l'hymne a été victime d'une vague inflationniste, et il faut y prendre garde, eu égard précisément à l'importance de son contenu.

Spiegel : Notamment dans la troisième strophe ?

Grass : Oui. Unité et droit et liberté, voilà des contenus qui concernent les deux États. La RDA peut nous donner quelque chose, une véritable impulsion. Est-ce que tout, chez nous, aurait un tel pouvoir aveuglant ? Est-ce que, chez nous, ce qui est dans la constitution légale recouvre parfaitement la constitution réelle ? Est-ce que, chez nous, le *vulgum pecus* ou l'homme peu fortuné est en mesure de faire prévaloir son point de vue devant les tribunaux, d'imposer son droit ? Est-ce qu'il ne faut pas nécessairement de l'argent, des avocats grassement rétribués dès lors qu'il s'agit, en République fédérale, de défendre ses droits ?

Cette sorte d'inégalité n'apparaît-elle de façon éhontée que parce qu'à grande échelle dans un pays riche ? N'aurions-nous pas là prétexte à reporter sur nous cette impulsion nouvelle, révolutionnaire qui émane de la RDA ?

SPIEGEL : Comment cela ? Apprendre de la RDA veut donc dire apprendre à vaincre ?

GRASS : Le 4 novembre, j'ai vu sur l'Alexanderplatz une multitude de banderoles qui frappaient juste, la plupart d'entre elles concernaient la situation en RDA. Mais parmi elles s'en trouvait une qui ne s'adressait pas qu'à la RDA : « Abattez les caciques, protégez les arbres. » Et de ces caciques, il y en a aussi ici en RFA. Idem pour les arbres à protéger. Un slogan, si vous voulez, à usage panallemand : rarement j'ai vu, formulé avec autant de brièveté, pareil axiome de la double problématique propre à notre existence.

SPIEGEL : Craignez-vous donc que les caciques, en RFA, deviennent plus infatués et plus raffermis dans la mesure où ceux de RDA vont de plus en plus mal ?

GRASS : Je ne veux, à titre d'exemple, citer qu'un seul cas : celui de M. Lambsdorff, un homme qui a déjà la conscience peu claire, président d'un parti démocratique et que n'effleure pas le moindre malaise ni doute personnel. Qui veut d'abord voir à l'œuvre les réformes en RDA avant d'ouvrir le portefeuille. Cet homme, avec son passé et sa suffisance, serait, suivant nos critères, le cacique qu'il faut abattre pour que l'on puisse protéger les arbres.

SPIEGEL : La RDA était jusqu'alors le seul État allemand où l'on ait essayé le socialisme. Cette expérience semble maintenant s'achever.

GRASS : Voir dans quelles conditions cela s'est déroulé :

ce petit État a dû supporter la plus grosse part des charges résultant de la défaite. Pendant toutes ces années, jusqu'aujourd'hui. Rien que cela justifierait pour nous l'obligation d'aider avec un maximum de désintéressement. La RDA a été obligée de s'établir dans des conditions autrement plus difficiles, sous l'emprise d'un bureaucratisme centraliste et économiquement inefficace, sous le fardeau du stalinisme et sans plan Marshall, avec en sus des réparations bien plus considérables. Pour ces raisons aussi l'expérience a échoué.

Pourtant il existe dans l'opposition est-allemande, et pas seulement chez le Parti social-démocrate nouvellement fondé, mais aussi au sein du Nouveau Forum et du groupe Démocratie maintenant, des tentatives visant à développer un socialisme démocratique. Car une seule phrase ne suffit pas à prouver que la faillite de ce système économique qui s'est appelé à tort socialiste porte aussi le coup fatal à une expérience de socialisme démocratique en Allemagne. Cette thèse aventureuse, qui ne s'appuie sur rien, a avant tout pour cible les sociaux-démocrates.

SPIEGEL : Est-ce que le social-démocrate Günter Grass, en fait, possède l'explication du silence des sociaux-démocrates face, précisément, à cette évolution ?

GRASS : Je crois que les sociaux-démocrates se sont laissé obnubiler par leur politique efficace des « petits pas » sans percevoir des évolutions qui étaient plus inconstantes et plus rapides. Pourtant, maintenant, les sociaux-démocrates ne restent plus silencieux. Il est à déplorer qu'ils l'aient été, un temps. Par exemple, l'annonce de la reconstitution d'un parti social-démocrate en RDA, dans un premier stade, a été cause de trouble, s'est même heurtée à une incompréhension du genre « Est-ce maintenant nécessaire ? » ou bien « Le moment est-il bien choisi ? » – Seuls les sceptiques se manifestaient.

SPIEGEL : Comment se fait-il qu'un parti comme le SPD, qui compte tout de même tant d'hommes politiques éminents spécialistes de la question allemande, ait pu si passionnément miser sur le mauvais cheval, c'est-à-dire sur ses contacts avec le SED ?

GRASS : Je ne vois pas cela de cette façon. L'erreur ne consiste pas à avoir des contacts avec le SED ; je trouve erroné de se concentrer exclusivement sur ces contacts avec le SED et de ne pas s'intéresser à ce qui se fait et à ce qui bouge dans le pays et que, là où c'est opportun, on soutiendra par sympathie et par solidarité.

SPIEGEL : C'est Norbert Gansel qui, manifestement encore choqué, a forgé, à la fin de l'ère Honecker, la formule : transformation par la prise de recul.

GRASS : Je crois qu'il ne le formulerait plus ainsi aujourd'hui. Mais sa critique était fondée.

SPIEGEL : Donc on en reste là : le SPD n'a pas de ligne clairement définie dans la question allemande.

GRASS : On peut tout de même renvoyer à l'idée que l'on a, au bon moment, noué des contacts avec les organes officiels, ensuite qu'on a élaboré quelque chose qui concerne non seulement les rapports entre SPD et SED, mais aussi la population dans son ensemble. Et sur la base de ce document élaboré à ce moment en commun, il fut pour l'opposition plus facile de trouver sa propre évidence et d'en arriver à ce qui est aujourd'hui.

SPIEGEL : Helmut Kohl a dit que la Constitution de la RFA ne lui permettait pas de parler au nom de toutes les

Allemagnes, ne lui permettait donc pas non plus de reconnaître la frontière occidentale de la Pologne.

GRASS : Mais, par là, il ôte au chancelier fédéral de l'époque, Willy Brandt, le mérite d'avoir obtenu les traités de Varsovie, sur lesquels lui, Kohl, s'appuie. C'est, à ses yeux, prendre des égards envers la CDU, l'aile droite de l'Union, c'est la peur des républicains qui empêche Kohl de prononcer ce mot salvateur, libérateur et nécessaire, et depuis si longtemps en suspens. Et voilà en quoi consiste le vrai scandale, car une telle occasion ne lui sera plus jamais offerte.

Il faut encore évoquer les gaffes commises lors du voyage que le chancelier fit en Pologne. Évoquer l'étroitesse de vue de cet homme, son côté incorrigible, sa tendance insidieuse à donner des leçons et l'aspect parfaitement insupportable de l'homme dans le chancelier. Je ne sais pas qui lui a conseillé d'aller à l'Annaberg, la seule chose positive là-dedans est que la jeune génération, par les questions posées sur ce qui s'était passé à l'Annaberg, a eu droit à un cours d'histoire après coup. Comment, là-bas, des Polonais furent massacrés par des corps francs allemands qui menaient aussi des actions en d'autres lieux. Je ne sais pas à quels manques de goût, ou manques de tact, M. Kohl succombera à l'avenir. Son activité, dans sa fonction, est à cet égard conséquente.

SPIEGEL : Comment se fait-il que les intellectuels ouest-allemands aient si peu d'idées sur la question allemande ?

GRASS : Il est difficile d'y répondre de façon globale. Il se peut qu'un tas de choses y jouent un rôle : le guignol culturel, en RFA, a une grosse capacité d'absorption, c'est un guignol subventionné qui s'excite sur lui-même, façon de s'occuper. Et puis il y a quelques tendances qui sont particulièrement soutenues par la critique. Par exemple une littérature qui s'occupe très intensément d'elle-même, ce qui a aussi sa justification. Pourtant ce n'est pas là une position qui pourrait amener les écrivains à prendre du recul avec eux-mêmes et à se concevoir à l'intérieur d'une société ou d'une évolution historique : se concevoir comme contemporains. C'est par exemple ma position : celle du contemporain. Et elle m'a toujours et sans cesse amené, que je le veuille ou non, à prendre position.

Ces jours-ci m'est précisément revenu en mémoire un discours que j'avais tenu, à la fin des années soixante ou début soixante-dix, à l'invitation du Club de la presse de Bonn, et qui à l'époque rencontra nombre de contradicteurs. Il s'intitulait : « La multiplicité communiante. » Et à cette époque, j'ai tenté, en d'autres termes aujourd'hui, de formuler un voisinage et une cohabitation, RDA avec RFA. Dans *Les Enfants par la tête*, j'en reviens, à côté du thème du tiers monde, sans cesse à ce que l'on trouve devant sa propre porte ; c'est dans ce livre qu'est, pour la première fois, préformulée la notion de nation culturelle.

SPIEGEL : Il n'y a que votre collègue Martin Walser que l'Allemagne, en tant que sujet, puisse priver de sommeil. Alors il se met à cogiter puissamment : « Lorsque je pense à Königsberg, je suis pris dans un tourbillon de l'histoire qui m'entraîne et m'engloutit. »

GRASS : C'est trop de sentiment et trop peu de conscience.

SPIEGEL : Il pense que c'est le sentiment historique.

GRASS : Mais naturellement, c'est une souffrance que j'ai moi aussi portée en moi toute une vie. Avoir une conscience historique ou s'en constituer une ne signifie pas que l'on soit dépourvu de sentiment. Lorsque je vais à Gdansk pour y chercher des traces de Danzig, je ne suis pas non plus exempt de sentiments. Cela entraîne souvent des disputes parce que je m'exprime, moi, contre le chauvinisme allemand, mais aussi contre le chauvinisme polonais.

Mais je suis fier que quelque chose prenne son vol à partir de ma ville natale. Lorsqu'en 1981 je me trouvai de nouveau à Gdansk et que mes dessins firent l'objet d'une exposition, le maire a fait un petit discours en allemand et dit dans le contexte : Un fils de notre ville a atteint la renommée internationale. Nous sommes fiers de lui. Et ces sentiments sont aussi là en moi, mais cela ne m'incite pas à la sensiblerie. Et c'est là que ma critique s'applique à Walser. Je trouve très bon – même si je suis d'un autre avis – qu'il s'exprime, se mêle à cette conversation et suscite la contradiction. Je préfère cela au maugréement inaudible de maint autre qui se défile en permanence à l'énoncé du sujet.

SPIEGEL : Mais cela lui a valu une invitation à la session de clôture du congrès que la CSU tenait à Wildbad Kreuth où il a joué à l'écarté, en compagnie de Theo Waigel qui revendique les frontières de 1937.

GRASS : Là, il faut que Walser s'arrange avec lui-même. Ce qui est plutôt problématique à mes yeux, c'est qu'un écrivain, doué de mémoire – c'est la condition nécessaire chez un écrivain –, qui, en 1967, lorsque le tonneau de poudre menaçait d'exploser, durant la dernière réunion du Groupe 47, a demandé et activé le boycott des journaux de Springer, soit l'un des premiers à suspendre ce boycott. Cela m'a fait mal.

74

Que Martin Walser reste libre de changer d'opinion. Lorsque j'ai fait sa connaissance c'était un conservateur éclairé issu des bords du lac de Constance, avec un prudent penchant pour le SPD qui, lors du mouvement étudiant, a glissé dans la mouvance DKP, et qui a repris ses distances pour discuter maintenant avec Waigel – il y a là-dedans un peu trop de virages inexpliqués qui me déplaisent. Et puis en route il s'est perdu un peu trop de cet esprit de contradiction si superbement éloquent de Walser, cela s'aplatit et s'achève, comme toujours lorsque les intellectuels deviennent sentimentaux, en épanchements divers.

SPIEGEL : Le manque d'intérêt pour la question allemande n'est certes pas un signe encourageant pour votre idée de nation culturelle.

GRASS : Eh...! En RDA c'est encore différent. Je pense par exemple à Christoph Hein. Par ailleurs, il y a aussi ces auteurs qui entre-temps se sont installés en RFA, comme Erich Loest. Je pourrais énumérer quantité d'auteurs qui, en raison de leur biographie, des expériences qu'ils ont faites dans l'une ou l'autre Allemagne, voire dans les deux, sont parfaitement à même de donner un contenu à ce concept de nation culturelle.

SPIEGEL : Peter Schneider pose, en rapport avec la période qui succède à celle du mur de Berlin, la question : « Pouvons-nous vivre sans ennemi ? »

GRASS : Je crois que pour l'instant c'est l'Occident qui a du mal à vivre sans la représentation d'un ennemi. Que c'est l'industrie occidentale qui a de grosses difficultés à abandonner le concept de course aux armements. Pendant des dizaines d'années, on a, en partie pour de bonnes raisons, ressenti comme un danger le potentiel militaro-industriel de l'Union soviétique et de ce que l'on appelait à ce moment : les pays satellites, et cela fut la justification de la course aux armements, d'où l'effet boule de neige. Mais maintenant, après les prémices de désarmement, nous ne réagissons pas de façon adéquate. On continue de proclamer, dans le plus pur style Wörner, la nécessité de l'OTAN dans sa forme actuelle – de changement, point de trace. Ici aussi s'applique la phrase de Gorbatchev : « Celui qui réagit en retard est puni pour la vie. »

Der Spiegel, Hambourg, 20 novembre 1989.

Honte et déshonneur

Celui qui fait un effort de mémoire bronche sur des banalités qui, en règle générale, se trouvent au sommet des crassiers du passé. Le 1er septembre 1939, j'avais onze ans et cherchais des éclats de bombes dans la banlieue voisine du port de Neufahrwasser. Et comme je n'en trouvais aucun, je faisais du troc – j'sais plus ce que c'était – pour avoir un pareil morceau de métal déchiqueté. C'étaient des éclats dispersés de ces bombes que les stukas allemands avaient lâchées sur la Westerplatte, l'enclave militaire polonaise située sur le territoire de la ville libre de Danzig.

C'est ainsi que, chez moi à domicile, débuta la guerre. Je me souviens du temps qu'il faisait en cette fin d'été, un vrai temps à se baigner, et qui dura, quand bien même les plages de la Baltique restèrent fermées, le temps que durèrent les combats sur la presqu'île de Hela. La guerre arriva soudain, comme un orage en plein été, sans jeu de mots, se termina bientôt et fut par la suite dénommée « campagne de Pologne ». Ah oui, un oncle qui avait fait partie des défenseurs de la Poste polonaise fut passé par les armes ; mais dans la famille on n'en parla pas.

De cette courte guerre, comme d'ailleurs des autres cam-

77

pagnes, pas aussi brèves celles-là, je pris connaissance d'une façon unilatérale avec l'aide des « Actualités allemandes ». A la suite de colonnes sans fin de prisonniers et de cadavres de chevaux gisant au milieu de positions d'artillerie bombardées, elles fournissaient mon incompréhension d'extraits jamais plus montrés par la suite d'une parade de la victoire : voilà que défilaient devant un général allemand et un général russe, l'une derrière l'autre, des unités de la Wehrmacht et de l'Armée rouge ; les deux généraux saluaient.

La Pologne était doublement vaincue : un État faible souffrant d'une carence de direction et une armée certes forte de ses traditions mais piètrement équipée croulèrent sous les coups de deux puissances militaires modernes lorsque la Wehrmacht assomma la Pologne en une attaque surprise et que l'Armée rouge se chargea du reste. Puis, comme il avait été prévu, l'extermination de l'élite polonaise et finalement du peuple polonais prit l'ampleur d'un programme routinier. De 1939 à 1946, la population régressa d'environ 35 millions à environ 24 millions. On estime à presque 7 millions le nombre de Polonais et de Juifs polonais tués au combat, assassinés et morts de faim. Et pourtant la tentative de meurtre à l'encontre de tout un peuple qui paraissait être vaincu, battu, n'a pu empêcher que dès après septembre 1939 la Résistance polonaise ne commençât à s'organiser. Bientôt elle englobait de vastes régions du pays et fut pourtant poursuivie lorsque le soulèvement de Varsovie se fut effondré.

Quand, aujourd'hui, au bout de cinquante ans, nous nous remémorons la souffrance polonaise et le déshonneur allemand, il reste, aussi durement que nous fûmes punis – et ce nullement atténuée malgré le temps passé –, suffisamment de faute, sédiment non susceptible d'élusion discursive. Et notre dette, dût-elle un jour, effort nouveau, être honorée, restera la honte.

Honte et deuil. Car ce crime produit à la face du monde par nous autres Allemands eut pour conséquence une autre souffrance, une nouvelle injustice, et la perte de notre pays natal. Par millions, Prussiens, de l'Est et de l'Ouest, Poméraniens, Silésiens durent abandonner leur bourg. Impossible de rétablir l'équilibre sous ce fardeau. Plus durable sur ces expulsés que sur les autres Allemands fut l'impact de la guerre perdue. Une telle disparité a aigri nombre de gens de l'ancienne génération ; quelques-uns le sont encore aujourd'hui.

Moi-même je perdis en 1945, préjudice irréparable, une partie de mon origine, ma ville natale de Danzig. Moi non plus, je ne sus prendre cette perte à la légère. Sans cesse, il fallut me dire où se trouvaient invariablement les causes de cette perte : dans l'arrogance allemande et le mépris de l'humain, dans l'évidence de l'obéissance allemande, dans cette *hybris* qui, rebelle à toute loi, institua le tout-ou-rien en volonté allemande pour finalement, au moment où tout était enfoui sous la douleur, ne vouloir point admettre le néant.

Et cela jusqu'à ce jour. D'où ce discours sur la honte et le déshonneur. Car c'est un déshonneur supplémentaire lorsque les hommes politiques ouest-allemands ont le front, devant un public conquis, de conjurer les frontières du Reich allemand de 1937. De la sorte, on espère apaiser les électeurs d'extrême droite. Et c'est ainsi que l'on en vient à discuter négligemment de la frontière occidentale de la Pologne. Comme si présentement la Pologne ne connaissait pas assez le trouble. Comme si l'on voulait extirper un avantage de la faiblesse polonaise. Comme si la Pologne devait toujours et encore être humiliée par les Allemands. Comme si un ministre ouest-allemand et chef de parti était autorisé, par un renoncement à la honte, à s'accommoder du déshonneur.

De tels discours du dimanche, tenus par calcul devant des assemblées de compatriotes, ont des antécédents : au cours des années cinquante et soixante, ils faisaient partie du rituel d'une politique qui – à mille lieues de toute responsabilité – ne voulait reconnaître ou accepter les causes et conséquences de la guerre engagée et perdue. « Restitution par des moyens pacifiques », « droit à notre pays natal », c'est ainsi que s'appelaient ces verbiages expurgés de leur contenu à force de répétitions. Ces millions de Polonais qui, après la perte des provinces polonaises orientales cédées à l'Union soviétique, durent quitter Vilna et Lemberg et furent installés à Danzig et Breslau, furent autorisés à jeter à tout vent leur « droit au pays natal » ; sans parler du *Kriegsspiel* anodin que constituait une « restitution par des moyens pacifiques ».

Aucun éclaircissement, aucune indication quant aux décisions prises à Yalta et Potsdam n'y fit. Incorrigibles et récalcitrantes, les banderoles proclamaient : « La Silésie reste allemande ! » Comme si cette province âprement disputée au fil de l'histoire, lors des sanglants conflits entre la Prusse et l'Autriche, n'avait été constamment soumise à des maîtres changeants ; comme si Danzig, avant d'échoir à la Prusse lors du troisième partage de la Pologne, ne s'était enrichie, trois cents années durant, sous la tutelle polonaise, et n'était restée marquée du sceau hanséatique. Et tout cela se produisit avant que l'Europe ne s'organisât en États nationaux et ne créât ainsi le motif de nouvelles guerres, fruits d'un nationalisme tous azimuts. Ce bacille, pendant de l'euphorie proeuropéenne actuelle, est encore virulent, en France et en Allemagne, et idem en Pologne ; raison pour laquelle les nationalistes polonais dont la polnitude dégénère en mystère divin se convainquent de l'idée qui veut que les anciennes provinces orientales allemandes soient terre ancestrale polonaise reconquise. Cette étroitesse d'esprit qui proclame vertu le mépris des faits historiques est manifestement bien établie en Pologne autant qu'en Allemagne.

Pourtant, ces querelles irréelles, contre une résistance acharnée, trouvèrent − ainsi était-on en droit de l'espérer − leur terme en décembre 1970 : c'est à Varsovie que fut reconnue par la signature du traité germano-polonais la frontière occidentale de la Pologne. Et parce que le chancelier fédéral du moment avait conscience de la reconnaissance par l'histoire des faits, deux écrivains, à côté d'autres accompagnateurs, étaient du voyage. Siegfried Lenz et moi-même étions là lorsque fut scellée par un document de droit international la perte de notre pays natal. Depuis longtemps, nous n'avions plus de doute quant à cette perte ; nous avions dû apprendre à vivre avec elle. Plus encore : nombre de nos livres traitaient de cette perte et de ses causes. Malgré tout, ce n'est pas dans l'euphorie touristique que nous nous sommes envolés pour Varsovie, mais avec des semelles plombées. Et ce n'est qu'au moment où Willy Brandt tomba à genoux là où le ghetto juif s'était trouvé sous la botte allemande et qu'il apparut clairement que l'assassinat planifié et exécuté par des Allemands de 6 millions de Juifs, que ce crime et les camps d'extermination de Chelmno, Treblinka, Auschwitz, Birkenau, Sobibor, Belzec et Maidanek ne pouvaient être assumés, ce

81

n'est donc qu'à ce moment-là que la perte du pays natal fut de peu de poids.

Quelques jours après la signature du traité germano-polonais, les ouvriers des ports polonais de la mer Baltique se mettaient en grève pour la première fois. La milice tira sur les ouvriers. Les prémices de ce mouvement syndical qui devait une décennie plus tard prendre le nom de « Solidarnosc » se manifestent en décembre 1970.

Depuis lors, la Pologne n'a jamais trouvé le calme. Les espérances furent ruinées avec l'instauration de l'état de guerre. Les gouvernements allaient et venaient. Seule se maintenait la pénurie. Elle accompagne tout pareillement aujourd'hui le déclin de l'ancien système et les efforts désespérés du nouveau gouvernement, produit d'élections un tant soit peu démocratiques.

La Pologne a besoin d'aide, de notre aide, car nous avons toujours une dette envers la Pologne. Une aide assurément qui ne dicte aucune condition, qui ne laisse pas à la faiblesse polonaise un arrière-goût de la force allemande, qui ne fait pas de surenchère avec des discours ignobles tels ceux qu'a prononcés, récemment, l'homme politique bavarois Theo Waigel. Le 1er septembre devrait lui offrir l'ample occasion de retirer ses propos susceptibles de n'engendrer que le malheur. Qui met en cause la frontière occidentale de la Pologne appelle à la rupture de traité. Qui parle ainsi, ainsi aujourd'hui, continue de parler ainsi, agit sans pudeur et nous vaut l'opprobre.

Discours à l'occasion du 50e anniversaire de la déclaration de guerre.
Süddeutsche Zeitung, Munich, 2 septembre 1989.

Double pouvoir
né de double jeu

Double pouvoir né de double jeu.
Double mise en scène d'un seul mensonge.
Çà et là sur un vieux journal.
On colle au mur un papier neuf.
La tare commune s'abolit
en jeu numérique, de valeur statistique ;
on arrondit les totaux.

On fait le ménage à fond dans la maison double.
Un peu de honte pour occasion particulière
et vite on change les pancartes des rues.
Les aspérités mémoriales passées au bulldozer.
La responsabilité empaquetée solidement
et léguée en héritage aux enfants.
Seul doit être ce qui est ; ce qui fut n'est plus.

On inscrit ainsi au registre du commerce
une double innocence, car même l'opposition
fait marcher l'affaire. Le reflet du faux
passe la frontière : peint en trompe-l'œil,
plus vrai que le vrai, et les excédents s'accumulent.
Pour nous, dit la Ratte dont je rêve,
l'Allemagne ne fut jamais bipartie
mais en bloc une aubaine unique.

La Ratte, Paris, Le Seuil, 1987.

Réflexions sur l'Allemagne

*Extrait d'un entretien avec Stefan Heym
à Bruxelles en 1984*

(...) GÜNTER GRASS : Les Allemands, dans la quête de leur propre définition de la nation, ont pendant longtemps eu des difficultés. Mais il y eut bien – avant que Bismarck ne fît son apparition et n'établît l'unité politique de l'État et par là même le concept de nation –, à l'église Saint-Paul, de longs et épuisants débats ; au milieu de tout cela, quand on relit les comptes rendus, des réflexions intéressantes formulées en partie par des écrivains allemands, par Uhland par exemple, qui mettent en avant le concept de nation culturelle et non pas celui de l'unification de la nation. Assurément, les temps ont changé et, avec eux, le concept de culture. Mais si nous partons du fait qu'en Allemagne nous avons connu deux échecs dans notre conception *politique* de la nation – à nos dépens et à ceux de nos voisins –, alors s'offrirait un recours à cette nouvelle tentative jusqu'à maintenant négligée.

D'autant qu'il est apparu que l'on peut tout partager, géographiquement, politiquement, économiquement, et c'est précisément la culture, le domaine sensible, qui a résisté le plus farouchement à ce partage. Si je prends la littérature

85

par exemple, on peut prouver, à ma propre surprise, qu'on n'a pas réussi à créer de littérature nationale justement en RDA. Et malgré l'ignorance de l'Occident, le long blocage qu'a subi la littérature de RDA, on n'a pas réussi à stopper l'intérêt manifesté envers ce qui se passait en face. Depuis une décennie et plus, il existe, et on est en mesure de le prouver clairement, un dialogue de livre à livre sans qu'il y ait de mise au point, sans qu'il y ait de stratégie d'édition, encore moins une politique culturelle commune. Nonobstant les politiques culturelles dominantes respectives, les auteurs ont entamé le dialogue.

C'est pourquoi le fait que nous deux soyons aujourd'hui assis côte à côte n'a dans ce contexte rien de miraculeux. Des responsables ministériels de rang comparable de l'un et l'autre État auraient les plus grandes difficultés, y compris jusque dans la langue, à se pratiquer. Toutefois, nous partons du fait qu'il y a eu une littérature allemande avant que n'apparussent la République fédérale et la RDA. Au fond un lieu commun, que de nombreux hommes politiques qui, chacun de son côté, considèrent leur État comme l'alpha et l'oméga, ne veulent pas comprendre. Et ainsi je crois que le concept de culture, élargi de la conception commune que nous avons de l'histoire, constituerait une base solide pour une tentative de redéfinir le concept de nation jusque dans le détail pratique.

On ne sait pas vraiment ici qu'existe depuis des années une dispute entre les deux Allemagnes quant à ce que l'on appelle l'acquis culturel prussien. Qu'est-ce qui s'oppose à ce que l'on gère en commun cet acquis culturel prussien ? De cette façon, point par point, pourrait naître quelque chose de commun, quelque chose de panallemand, sans que

l'on en vienne à une concentration de puissance économique, voire militaire au cœur de l'Europe.

Si cela devait encore heureusement se faire – ce que
Stefan Heym disait et pensait –, que les deux États puissent
aussi prendre en charge leur mission politique, au cœur de
l'Europe et face à leurs voisins, ce serait déjà pour moi de
fait une définition suffisante d'un nouveau concept de nation.
Une mission commune, cela veut dire : après l'expérience
faite de deux guerres mondiales déclenchées par l'Allemagne, il est du devoir des deux États d'empêcher de
nouvelles guerres, de contribuer plus que les autres pays à
réduire les tensions, qui plus est les tensions existant chez
soi, entre Allemands. Et je pourrais imaginer une ébauche
de dialogue entre les deux Allemagnes, ne serait-ce que
dans le domaine culturel, comme un genre de détente, de
telle sorte que nos voisins ne soient pas obligés – comme
actuellement – de redouter une nouvelle concentration de
puissance au cœur de l'Europe. (...)

STEFAN HEYM : Je ne crois pas, Günter Grass, que la
question allemande puisse être démêlée à partir de la
culture. Et je n'y crois pas pour la bonne raison que chez
nous en RDA la culture est considérée comme partie
intégrante de la superstructure idéologique et de l'idéologie
qui, comme personne ne l'ignore, est le monopole des gens
qui ont le pouvoir chez nous. Et c'est là qu'apparaîtront
les blocages, si vous arrivez là en demandant que ce soit
à partir de la culture que se crée une certaine unité ou
uniformisation. Naturellement l'on doit y travailler, naturellement l'on doit avoir des possibilités de retrouvailles,
des publications de livres en commun. Je suis content
d'apprendre de votre bouche qu'enfin deux livres de vous

vont être publiés chez nous, et je suis content de ce que nos dirigeants aient reconnu que la RDA ne s'en effondrera pas pour autant. Et lorsqu'ils reconnaîtront un jour que même les livres de Heym ne font pas vaciller la RDA, peut-être qu'alors ils iront jusqu'à les publier. (...)

Grass a abordé quelque chose de très important, à savoir la question de la guerre et de la paix et le rapport qu'elles entretiennent avec les deux Allemagnes. Une chose est sûre, et là, je donne raison à ce Français qui a dit qu'il aimait tant l'Allemagne qu'il était content qu'il y en eût deux. (...) C'est ainsi : aucune des deux Allemagnes, à elle seule, n'est en mesure aujourd'hui d'entamer une guerre. Mais les deux Allemagnes peuvent ensemble faire en sorte que la paix soit maintenue. Et ici, j'aimerais une fois, et c'est rare, dire quelque chose qui fasse honneur à notre RDA et à ses dirigeants. A savoir que Honecker a déclaré qu'il n'appréciait pas du tout la présence de fusées sur le sol de la RDA. Et Honecker a déclaré qu'il était prêt à incorporer le territoire de la RDA dans une zone dénucléarisée. J'attends encore ces deux déclarations dans la bouche de Helmut Kohl. Et si cela devenait réalisable, nous aurions fait un grand pas en avant. Et je crois que ce serait en même temps l'amorce d'une disparition de la méfiance, de cette méfiance totalement justifiée à l'encontre des Allemands, plus précisément encore à l'encontre des Allemands réunifiés. Car, en fait, quelle sorte de gens sont-ils ?

J'ai apporté quelque chose – c'est tout ce que je lirai –, ce que Thomas Mann a écrit sur les Allemands :

« Le concept allemand de liberté fut toujours pointé vers l'extérieur. Ce concept de liberté signifiait le droit d'être allemand, rien qu'allemand et rien d'autre, rien d'autre au-delà. C'était un concept tapageur d'autodéfense égocentrique à l'encontre de tout ce qui voulait conditionner et limiter l'égoïsme ethnique, le dompter et l'exhorter à se mettre au service de la communauté, au service de l'homme. Individualisme rebelle vers l'extérieur, il s'accommodait à l'intérieur d'un pourcentage surprenant de non-liberté, d'immaturité et de servilité sourde. »

Je voudrais que vous gardiez en mémoire ces trois derniers concepts, car bien trop souvent, chez nous en RDA comme en République fédérale, cela a gardé son actualité. Et ces gens, nous devons essayer de changer ces gens ; ces gens doivent se libérer, devenir critiques et si cela se produit, alors disparaîtra un second pan de la grande méfiance envers les Allemands que l'on ne connaît depuis toujours qu'avec le petit doigt sur la couture du pantalon.

Je voudrais encore raconter que, voici quelques jours, j'ai vu, dans la vitrine d'une librairie en gare de Göttingen, une série de très beaux albums illustrés, « Les paysages allemands », et que tous ces paysages allemands n'étaient plus du tout allemands. Pour la bonne raison qu'ils avaient été perdus par Hitler. L'un de ces volumes portait le titre « Breslau, ville allemande ». Tant que cela existera, difficile de se plaindre du peu de confiance que l'on porte aux Allemands. (...)

GÜNTER GRASS : Je crois que seul celui qui, de par cette faute allemande, a perdu sa ville ou son pays natal est en mesure d'en parler avec justesse. Car tout cela est et reste une perte. Mais une perte qui doit être acceptée. Pour moi, ce fut une raison supplémentaire, en plus de l'écriture, en plus de la sculpture et du graphisme, de me rendre en politique et de soutenir le SPD, dès lors qu'à un moment donné ce parti s'était déclaré prêt à travailler dans cette direction. Pour moi, ce fut une raison supplémentaire de faire en décembre 1970, en compagnie de Siegfried Lenz, le voyage de Varsovie lorsque fut paraphé le traité germano-polonais ; Siegfried Lenz, originaire de Prusse orientale, moi de Danzig. Pour cela, nous avons été calomniés, cela fait sûrement partie du jeu.

Mais lorsque aujourd'hui des hommes politiques, sans qu'ils aient été rappelés à l'ordre par l'actuel chancelier fédéral, cornent dans le style : il n'est absolument pas dit que cette frontière ait été reconnue de toute éternité, il faudrait voir, en rediscuter, puis fait suite, encore une fois, ce florilège mensonger issu des années cinquante et soixante, « réunification pacifique dans les frontières de 1937 », cela inclut donc la Prusse orientale, la Silésie et la Poméranie ; alors là, cela devient dangereux. Je peux comprendre qu'en Pologne aujourd'hui on s'alarme à nouveau de déclarations de ce genre.

Il y eut une série de politiciens qui reconnurent précocement qu'il n'y avait moyen d'avancer dans la question interallemande qu'à condition que l'on fît ce que l'on était en droit d'attendre à l'égard des Polonais. Ce furent des Allemands et l'Union soviétique, le Troisième Reich sous Hitler et l'Union soviétique qui conclurent un pacte au détriment de la Pologne. La Pologne a perdu ses provinces orientales, au total, elle a glissé vers l'ouest, cause pour les Allemands de la perte des provinces orientales. Ce sont des faits géographiques aux conséquences terrifiantes, jusqu'à l'expulsion qui fut atroce, avec son cortège de cruautés inutiles que l'on peut en partie peut-être comprendre mais qui restent pourtant des cruautés. C'est un fait établi que la Pologne perdit ses provinces orientales de par notre culpabilité et qu'ainsi les mouvements chauvinistes prirent leur essor en Pologne qui, pendant longtemps, comparables en cela aux chauvinistes allemands qui gesticulaient dans la direction opposée, fixèrent la frontière polonaise sur l'Elbe, ils en étaient arrivés là. Ces faits, c'est nous qui les avons établis, nous nous devons de les reconnaître, et nous les avons reconnus par traité.

Mais j'aimerais dire encore un mot sur vos doutes, justifiés, quant à la possibilité de définition du concept de nation au travers de la culture.

STEFAN HEYM : La définir, sûrement, mais cela aura-t-il une incidence politique ?

GÜNTER GRASS : Cela tient aussi certainement au fait que les deux Allemagnes, dans leur espèce de refondation après 1945, furent, en premier lieu, trivialo-matérialistes. La culture joue un rôle soit confirmateur soit ornemental, ou bien doit selon le cas jouer ce rôle ; elle n'a pas été saisie dans toute sa puissance explosive. Il se peut en effet que nous soyons contraints, par une évolution tout autre, d'avoir recours une nouvelle fois à la culture. D'ailleurs, cela ne concerne pas seulement les deux Allemagnes. Alors que nous voyons que l'existence humaine, dans un contexte de chômage croissant, ne peut plus, en marge d'un changement structurel, être exclusivement définie par le travail, comme si le travail, et lui seul, était destiné à réaliser l'homme, alors il faut poser la question de la nature de sa seconde jambe. Et il pourrait ressortir que la culture, dans une nouvelle acception, pourrait être cette deuxième jambe, et ainsi naîtrait une nouvelle acception du mot culture qui serait représentée en Allemagne par-delà ces postulats ornementaux ou confirmateurs.

Je ne pensais pas non plus, au moment où je disais qu'il y aurait un rapprochement, un dialogue entre les deux littératures allemandes, qu'une unification devrait se produire maintenant au travers d'un concept de culture nationale. Je crois que la culture allemande a toujours tiré sa force de la diversité. Tout comme le fédéralisme, qui est en Allemagne une tradition politique que l'on ne devrait pas abolir. Assurément, cela rend mainte négociation difficile, mais le fédéralisme culturel en République fédérale a aussi ses avantages. Et s'il en était un de comparable en RDA, cela serait à l'avantage de la RDA. Là-bas, on a simplifié à la prussienne, certainement pas pour le bien de la culture. Et si, ici, on en arrivait au milieu des nombreuses diversités propres aux deux États, mais aussi des différences entre les régions séparées, à un concert, de nature culturelle, alors l'acquis serait d'importance pour la culture.

Il y a aussi des différences, pur produit de l'origine ou de la structure, entre la littérature du Nord et celle du Sud de l'Allemagne. Il y a des différenciations d'ordre politique jusqu'à aujourd'hui – par exemple la ligne du Main – qui, dans maints domaines, ont des racines plus profondes que par comparaison, la division entre RDA et République fédérale. Donc, nous avons différentes trames politiques qui ont leurs effets et incidences, et je crois que l'on en viendrait, avec ce concept culturel si ouvertement discuté, à une acception de la nation qui permettrait la diversité et n'aurait pas nécessairement pour conséquence une unification. (...)

STEFAN HEYM : Je ne crois pas que nous pourrons résoudre l'affaire en partant de la seule culture. Collègue Grass, vous avez parlé de ces forces en République fédérale qui tendent obliquement vers l'est. Cela provient aussi naturellement de ce que chez vous domine un mode de société qui, non seulement tolère, mais encore favorise une telle distorsion vers l'est.

Vous parliez de 1945, d'assumer le passé. Chez moi, ce fut légèrement différent, c'est en 1933 que j'ai totalement perdu ma patrie, et je revins dans un tout autre rôle en 1945, à savoir en conquérant, et vis toute la chose avec un autre regard, et aussi le danger.

La question est : d'où provient donc cette scission ? Comment cela donna-t-il ce résultat ? Grass et moi en parlions cet après-midi, et Grass disait que cela remontait à 1945. Je dirais que cela remonte encore à un petit peu plus loin ; en 44 déjà, je dus mener, en tant qu'officier américain, l'interrogatoire d'officiers allemands. Et j'ai eu une discussion avec un officier d'état-major qui me disait : vous, les Américains, vous êtes devenus complètement débiles, pourquoi anéantissez-vous notre armée ? Vous aurez besoin de nous, et tout de suite, contre les Russes. Ici, c'était donc déjà une conception politique qui trouvait, sous une forme légèrement différente, son expression dans la division de l'Allemagne.

C'est bien ainsi qu'hélas la chose a pris naissance. Et il nous faut maintenant nous confronter à cette situation. Et c'est là qu'est la question : comment ? Comment cela doit-il se produire, à quoi doivent ressembler ces deux types de société – laissez-moi utiliser cette expression car je ne veux point encore une fois parler ici d'États – qui rendront possible le point d'ancrage véritable entre les deux moignons du peuple allemand ?

C'est parfaitement clair : d'un côté, le capitalisme exis-

tant réellement en République fédérale – j'emploie les mots
« existant réellement », vous n'ignorez pas pourquoi –, avec
son chômage, sa toxicomanie, ses Barzel et, et, et, ça n'est
pas quelque chose que l'on puisse imposer à tout le peuple
allemand. Tout aussi peu exigible est le socialisme existant
réellement, avec son mur et ses frustrations et, et. Il nous
faudra trouver quelque chose qui émane des deux et soit
en mesure d'utiliser des Éléments issus des deux : ce qu'il
y a de bon dans le socialisme, et il y a toutes sortes de
bonnes choses là-dedans, et à l'Ouest se trouvent aussi des
choses qui sont parfaitement réexploitables et qui, de notre
part, furent toujours présentées comme capitalistes et qui
sont tout simplement humaines elles aussi, n'est-ce pas ?
La liberté d'entreprise que tout un chacun aimerait développer, la liberté de voyager, etc, etc. Tout cela doit sub-
sister.

Il serait présomptueux de ma part de donner des recettes
quelconques. Je n'en suis qu'au début de mes réflexions :
à quoi une telle Allemagne devrait-elle ressembler ? Et je
sais que beaucoup de gens y réfléchissent avec moi. En
automne 1983, il y eut à Munich une série de discours
dans lesquels la question fut abordée. Chose remarquable,
que cela se soit développé précisément dans ces années-là.
Cela provient aussi certainement du fait que les deux
populations allemandes – comme nous le disions déjà tout
à l'heure –, précisément, se voient pareillement menacées
et disent : eh bien, nous voudrions bien être réunifiés, mais
pas dans la mort. (...)

Une dernière question dans ce contexte : lorsque je dis :
quel genre d'Allemagne ? Oui, veut-on que cela se fasse
dans une Allemagne qui soit privée de forêts ? Veut-on une

Allemagne qui soit totalement désertifiée ? Une Allemagne où il ne vaille plus la peine de vivre ? C'est aussi une question qui joue un rôle et qu'il faut considérer dans le contexte. Car les forêts dépérissent bien sûr parce que, dans le socialisme – j'étais dans le massif de l'Erzgebirge, je ne voudrais pas infliger pareil spectacle à qui que ce soit. Je suis passé sur un pont près de Bernburg, toute la rivière ressemblait à de la mousse à raser. Et encore, la mousse à raser est noble comparée à ce qui flottait là-dedans. Donc, l'économie, en système socialiste, produit autant de ruine écologique et de destruction – ce qu'elle ne devrait pas faire, ce n'est pas pour cela que nous avons le socialisme – que l'économie en système capitaliste, et cela aussi doit disparaître si nous voulons une Allemagne saine, une Allemagne unie un jour que l'on puisse léguer avec fierté à ses enfants et aux enfants de ses enfants. Ça y est, j'ai encore fait un sermon, affreux. (...)

GÜNTER GRASS : Si nous parlons maintenant du possible, j'aimerais en fait éviter le mot de réunification, parce qu'il inclut l'idée qu'il se passe quelque chose qui s'est déjà produit. Et une Allemagne réunifiée politiquement, une fois mis à part les frontières de 1937, et même sans ces histoires de frontières, ne me paraît pas souhaitable. Elle se retrouverait, quand bien même elle ne voudrait pas être une menace, vue comme telle, et serait soumise à la pression correspondante et à un type d'observation correspondant.

Mais si nous parlions d'une fédération au centre de l'Europe et si nous avions donc la possibilité de constituer, à l'intérieur d'une Europe fédérée, une variante, je prédirais plus d'avenir à ce modèle. Ce mode fédératif instauré entre les deux Allemagnes autoriserait aussi, par exemple, un mode de relation envers l'Autriche qui ne changerait rien à la condition de l'Autriche. Peut-être l'idée nous arrive-t-elle tardivement de dire : eh bien, les Autrichiens n'étaient pas trop mal inspirés avec leur traité d'État, peut-être devrions-nous tenter quelque chose, non pas d'identique mais de comparable, même si nous nous y prenons sur le tard. Je ne crains pas le mot de « finlandisation », j'ai envers ce peuple finlandais un respect infini et je trouve lamentable que, justement en République fédérale, on utilise le mot « finlandisation » comme injure, comme expression diffamatoire : il veut « finlandiser ». Ce petit pays pourvu d'une très longue frontière avec l'Union soviétique a conservé son indépendance et révèle tous les jours une démocratie dont maint démocrate en République fédérale pourrait s'offrir une tranche. En d'autres termes : on doit, je crois, partir des vieilles propositions, à commencer par le plan Rapacki jusqu'au plan Palme, l'Europe dénucléarisée qui pourrait continuer de s'étendre, et élaborer pour l'Allemagne une solution, on ne peut pas simplement la proposer, dans laquelle – à mon avis – on créera, sur la base existante de la culture, un concept de nation qui n'ait pas besoin de l'unité politique. Concept qui permettrait parfaitement, même dans le sens d'une transformation par rapprochement – donnons-lui le nom que lui donna un jour Egon Bahr –, la fédération des deux Allemagnes qui, entre-temps, ont leur propre histoire que nous ne pouvons pas non plus gommer, pour courte qu'elle soit. Mais l'autre histoire est plus longue et elle pourrait être alors la base des deux États dans leurs rapports mutuels.

Donc, pour résumer : pas de réunification parce que cela, aussitôt, éveille à bon droit des craintes, suscite des contenus fallacieux, mais bien une fédération des États allemands et des Länder allemands. Ce serait une possibilité qui pourrait être satisfaisante pour les Allemands et devrait éviter des angoisses chez nos voisins.

STEFAN HEYM : Voici donc indiquée une possibilité que, d'ailleurs, j'estime très bonne et qui – maintenant, évitez de rire et ne dévaluez pas, par là même, la proposition de Grass – vient d'Ulbricht. Le camarade Ulbricht a le premier parlé de fédération, il y a déjà bien, bien des années, et à l'époque, l'affaire a été réglée ; comment voulez-vous que ce personnage dise quelque chose qui soit valable pour nous ? Peut-être n'y a-t-il eu à l'époque absolument aucune possibilité pour cela, et Ulbricht l'a jeté dans la discussion comme il l'a souvent fait ; s'il aborde la chose, c'est parce qu'il sait que c'est perdu d'avance, en voilà la raison, non ? C'était un homme politique très rusé.

GÜNTER GRASS : Comme Adenauer...

STEFAN HEYM : Oui, tous deux se sont très bien complétés dans ce domaine. (...) Et peut-être est-il une fois bon que l'Allemagne ait, au même moment, deux têtes bien faites, même si elles n'ont pas toujours fait de bonne politique ; cela dit en passant. Je crois que ce qu'a proposé Günter Grass mérite tout à fait discussion, et on devrait empêcher toute interruption de la discussion une fois celle-ci amorcée – je ne veux pas dire ce soir : tôt ou tard, il nous faudra bien rentrer à la maison –, je voudrais qu'on la poursuive dans un autre lieu, et pas seulement entre écrivains.

C'est d'ailleurs ce qu'il y a de cocasse, les écrivains, en ce moment, en Allemagne de l'Ouest autant que chez nous, sont continuellement exhortés à être porte-parole de n'importe quoi, et soudain deviennent les figures de proue que nous ne voulons ou ne pouvons pas du tout être ; car, que faisons-nous en fait, nous écrivons des romans, et j'espère que l'on trouve ces romans bons... je fais encore une fois de la publicité larvée. Mais nous n'avons pourtant aucunement le droit de nous donner de l'importance, d'une façon ou d'une autre, face aux autres citoyens, et malgré tout, on n'arrête pas de nous y exhorter. Je souhaiterais que ce soient les politiques – qu'on paye pour cela en fait – qui nous débarrassent de la tâche de réfléchir une bonne fois sur les nouveaux développements, de réfléchir une bonne fois sur l'essentiel et de le dire aussi en public, au lieu de ne pratiquer, d'un jour à l'autre, en bons opportunistes, que le faux-fuyant. Ce serait peut-être une chose. Non pas que nous devions pour cette raison nous retirer de la vie publique, mais on ne doit pas exiger de nous plus que ce que nous pouvons fournir. (...)

GÜNTER GRASS : A cela s'ajoute encore un élément : cela sonne comme si c'était une idée de moi que je me suis contenté de répéter à haute voix, mais je m'estime dans la tradition, je nous estime tous deux dans la tradition. Les écrivains allemands du siècle des Lumières se trouvaient en contradiction avec leurs princes non seulement pour des raisons philosophiques, mais aussi comme patriotes. L'acception éclairée, teintée de patriotisme, de l'Allemagne débouchait par exemple sur la culture et une certaine unité et contredisait le désir séparatiste des princes. Cette tradition s'est maintenue, elle passe par Lessing et Heine, jusqu'à Biermann même, qui m'apparut, en son temps de la *Chaussee-Strasse,* lorsque je lui rendais visite à l'occasion, comme le descendant direct précisément de cette orientation. Et telle a encore été ma sensation lors des discussions que nous avons menées à Berlin-Est dans les années soixante-dix. Quelques écrivains de Berlin-Ouest faisaient le voyage toutes les six, huit semaines, nous tournions alors dans différents appartements privés, nous faisions des lectures collectives de manuscrits et lancions des conversations, entre autres, sur l'évolution différente de la poésie dans les deux Allemagnes et sur ce que les manuscrits avaient donné ou non ; la critique, en partie, était féroce.

Aucun doute, il est vrai que nous ne sommes pas porteurs d'un mandat écrit faisant de nous des porte-parole en matière de politique. Mais il est également vrai que nous, auteurs d'Allemagne, avons fait des expériences, et ce furent toujours les écrivains, les gens de lettres, que l'on expulsait en tout premier lieu du pays. C'étaient aussi, en règle générale, les écrivains qui très tôt avaient prédit les pires évolutions et à qui personne ne prêta attention. (...)

Et peut-être encore un petit correctif : c'est sur la base de la division de l'Europe que nous parlons si volontiers d'Europe de l'Ouest et d'Europe de l'Est, l'Europe est notre sujet favori, et nous pensons seulement Europe de l'Ouest, et n'imaginons pas – je crois – avec quelle amertume cela est ressenti en Tchécoslovaquie, en Hongrie, en Pologne.

STEFAN HEYM : Idem en Union soviétique.

GÜNTER GRASS : Idem en Union soviétique, bien sûr. Cela aussi, c'est l'Europe, cela en fait partie. Et à Prague, on se voit non pas en Europe de l'Ouest, pas plus hier qu'aujourd'hui, mais en Europe centrale. Peut-être est-il utile de le souligner dans une ville comme Bruxelles. (...)

Discussion à l'occasion des vingt-cinq ans de l'Institut Goethe, Bruxelles, 21 novembre 1984.

Fondation nationale

Car si maintenant j'étale devant les Allemands (comme je l'ai expérimenté en Chine) une richesse, parle des littératures allemandes et les nomme le prodige que nous avons accompli, je peux certes, en comparant à d'autres prodiges qui déjà s'effritent, démontrer son existence ; mais les Allemands ne se savent pas, ne veulent pas se savoir.

Il leur faut toujours affreusement plus ou piteusement moins qu'ils ne sont. Rien ne pousse chez eux sans dommage. Sur leur billot, tout se fend. Le corps et l'âme, la pratique et la théorie, le contenu et la forme, l'esprit et la force sont du petit bois qui se laisse mettre en pile. De même la vie et la mort se toisent bien proprement : ils expulsent volontiers leurs écrivains vivants (ou même à regret) ; quant à leurs poètes morts, ils ne sont pas chiches de couronnes et de deuils figurés. Les survivants entretiennent les monuments tant que les frais sont acceptables.

Mais nous autres, écrivains, nous sommes inusables. Rats et mouches à viande, nous rongeons le consensus et le linge blanc de famille. Prenez-les tous quand, le dimanche après-midi, vous cherchez l'Allemagne (même en faisant le puzzle) Heine mort et Biermann vivant, Christa Wolf là-bas, Hein-

101

rich Böll ici, Logau et Lessing, Kunert et Walser, mettez Goethe à côté de Thomas et Schiller à côté de Heinrich Mann, voyez Büchner à Bautzen et Grabbe à Stammheim, écoutez Bettina quand l'écoute Sarah Kirsch, apprenez Klopstock chez Rühmkorf, Luther chez Johnson, chez feu Born la vallée de misère chère à Gryphius, et chez Jean Paul mes idylles. Et qui encore que je puisse connaître au fil des temps. N'en laissez pas un. De Herder à Hebel, de Trakl à Storm. Moquez-vous des frontières. Désirez, seul espace large, la langue. Soyez riches autrement. Évacuez le profit. Car (par-dessus les abattis de barbelés) nous n'avons rien de mieux. Rien que la littérature (et sa dou-blure : histoire, mythes, responsabilité et autres résidus) s'arrondit en voûte sur les deux États frileusement barri-cadés face à face. Laissez-les exister l'un contre l'autre – ils ne peuvent faire autrement –, mais contraignez-les, his-toire qu'on ne reste pas là bêtement plantés sous la pluie, à garder ce toit commun, notre civilisation invisible.

Ils vont rouspéter, ces deux États, parce qu'ils vivent de leur contraire. Ils ne veulent pas être sages comme l'Au-triche. Ils n'omettent pas de vouloir tirer un trait entre leur Beethoven et notre Beethoven (qui d'ailleurs est enterré à Vienne), leur nôtre : ils frappent chaque jour Hölderlin de déchéance nationale.

J'en parlerai dans la campagne électorale : en visant à côté de Strauss, mais en plein dans Schmidt, afin qu'il entende, lui qui est aux commandes, ce qu'il nous reste à faire.

Par exemple la Fondation nationale. Brandt l'a annoncée en 72 dans sa déclaration de gouvernement. Là-dessus elle est devenue crêpage national de chignon : nulle par la suite, poste importun au budget. Ce qui comptait pour l'opposition, c'était le lieu d'implantation ; pour le gouvernement, la mise en veilleuse. Priorité à l'économie, résolutions tarifaires, chasse aux sorcières extrémistes. Les demandes des artistes et de leurs groupements ne mûrissaient que des indemnités de déplacement. L'ignorance plumitive qui se propage. Et de déporter son impuissance dans la décennie suivante.

Aujourd'hui je sais que la République fédérale a mauvaise mine dans cette tâche – de même la RDA toute seule ne serait pas à la hauteur. C'est seulement par un effort commun – n'ont-elles pas signé leur Convention vétérinaire, réglé leurs taxes routières, seule la loi de Gauss est toujours en butte au jeu catastrophique de la politique mondiale – qu'elles pourraient jeter les bases d'une Fondation nationale afin que nous comprenions enfin, afin que le monde nous comprenne autrement, autrement désormais que comme épouvantails.

Il y aurait bien des maisons dans celle de cette Fondation nationale. L'héritage culturel prussien haineusement revendiqué par les deux États y trouverait sa place. Les résidus culturels dispersés au hasard des provinces de l'Est pourraient nous apprendre à identifier les causes de nos pertes. Il y aurait une loge pour les contradictions des arts actuels. La richesse complexe et variée des régions allemandes fournirait un exemple accumulé. Non que les deux États et, en leur sein, les Länder, jaloux comme ils sont de garder leur bien, doivent pour autant s'appauvrir. Ce ne sera pas un musée monstre qu'il faudra créer, mais un lieu qui permette à tout Allemand de se chercher lui-même, son origine, et de trouver des questions valables. Pas un mausolée, plutôt un centre désirable, où, ma foi, on accéderait par deux entrées (sans oublier, ce qui est bien allemand, de soigner la sortie). Et où, s'exclament les malins, trouver une adresse ? Ma foi : dans le *no man's land* d'entre Est et Ouest, sur le Potsdamer Platz de Berlin. En ce lieu, la Fondation nationale pourrait crever en un seul, un seul point cette négation de toute civilisation : le Mur.

Mais ça ne marchera pas ! Voilà ce que j'entends crier. Comme nous, ils veulent rester à part. Ils ne l'entendront jamais de cette oreille en face. Et si oui, à quel prix. Quoi, leur accorder la parole à égalité ? D'abord ils sont beaucoup plus petits et n'ont pas de démocratie véritable. Et il faudrait les reconnaître ceux-là, enfin, les reconnaître comme État souverain ? Et qu'est-ce qu'on en tirera exactement en échange ? Ridicule, deux États d'une seule nation. Et de plus : nation culturelle. Qu'est-ce qu'on peut s'acheter pour ce prix-là ?

Je sais. Ce n'est qu'un rêve éveillé (encore un enfant par la tête). Je ne suis pas sans savoir que je vis dans une barbarie éprise de culture. Des chiffres tristes permettent de le prouver : depuis la guerre plus de substance spirituelle est allée à la casse des deux États qu'il n'en fut détruit pendant la guerre. Ici et en face, à vrai dire, la culture est subventionnée. En face, on redoute l'autodétermination des arts ; ici on nous passe la « réserve artistique » en guise de bonnet de fou. Quand Helmut Schmidt, le 4 décembre à Berlin, devant le congrès de la SPD, parla deux heures avec circonspection et au point de m'impressionner moi-même, je trouvai, dans son discours où rien n'était laissé de côté, la culture sous la seule forme d'une énumération de centres et de districts industriels européens ; et quand Erich Honecker, dans ses discours, se démène pour les objectifs du plan, on peut chaque fois craindre qu'il ne se mêle aussi des travailleurs culturels et de leurs retards sur ledit plan.

Pourquoi dis-je ici (et ensuite dans la campagne électorale) quand même ce qui ne tracasse guère de monde, bien que tant de gens, dès qu'ils parlent de l'Allemagne et de la culture allemande, s'engouent de grands mots ? Parce que je m'y connais mieux. Parce que la tradition de notre littérature exige cette révolte impuissante. Parce qu'il faut l'avoir dit.

Parce que Nicolas Born est mort.

Parce que j'ai honte. Parce que notre carence n'est ni matérielle ni sociale, mais un manque spirituel.

Les Enfants par la tête, Paris, Le Seuil, 1983.

Sept thèses
sur le socialisme démocratique

Il y a cinq ans et demi, non seulement la Tchécoslovaquie fut occupée par les troupes du pacte de Varsovie, mais encore la première tentative visant à réformer le communisme d'État soviétique subissait un coup d'arrêt brutal.

Certes l'écrasement se produisit suivant la méthode depuis longtemps connue, mais, comme il apparaît, la Tchécoslovaquie ne fut pas la seule à en supporter le préjudice ; c'est avant tout l'Union soviétique qui se priva de la seule possibilité qu'elle avait de redresser radicalement l'évolution désastreuse de son système.

La tentative visant à corriger la structure non démocratique et la prédominance centralisée des chefs du Parti est aussi vieille que l'Union soviétique elle-même : la première, Rosa Luxemburg, avec les austro-marxistes, mit en garde contre un manque de tolérance envers le déviant, le danger de la bureaucratie et la terreur propre aux méthodes de Lénine qui auraient immanquablement une autre terreur pour conséquence et seraient en contradiction avec un socialisme libérateur et libertaire.

Ces avertissements ne furent pas entendus ou bien ils furent sournoisement rejetés. Lorsque trois ans après la révolution d'Octobre les ouvriers et marins de Petrograd et de Cronstadt se soulevèrent contre la dictature élitiste du Parti, contre la confiscation du pouvoir d'abord attribué aux conseils d'ouvriers et de soldats et contre l'avancée de la bureaucratie centralisée, leur soulèvement fut réprimé dans le sang par Lénine et Trotski, par des gens donc qu'ils avaient, trois ans auparavant, portés au pouvoir par leur élan révolutionnaire.

Les épisodes de Cronstadt et de Petrograd qui, dans le jargon officiel du Parti, furent dégradés en contre-révolution, se répétèrent après la mort de Staline dans plusieurs pays du bloc de l'Est et – après la tentative de réforme avortée en Tchécoslovaquie –, la dernière fois en décembre 1970 dans les ports polonais.

Les exigences des ouvriers socialistes révoltés sont restées les mêmes : ils veulent un socialisme de la base. Ils s'opposent à ce que l'on transforme le capitalisme privé en un simple capitalisme d'État tout aussi peu contrôlé ; ils veulent résoudre leurs conflits avec l'aide de syndicats indépendants ; ils veulent cogérer et non être mis sous tutelle.

Ces exigences – disons-le clairement – protosocial-démocrates ont été estampillées révisionnistes hérétiques : d'abord avec recours à Marx, puis depuis Lénine, en contradiction avec Marx. Et parce que c'est non pas la théorie de Marx, mais la dictature du Parti introduite par Lénine qui a nécessairement produit Staline et ses méthodes, il est faux et trompeur d'appréhender le léninisme comme enchaînement logique du marxisme.

D'où ressort ma

1re thèse : quiconque aspire au socialisme démocratique

devrait, suivant les expériences faites, refuser la compilation marxisme/léninisme et, conformément à l'évolution historique, parler de léninisme/stalinisme.

La dernière impulsion en ce sens, c'est peut-être bien Soljenitsyne qui l'a donnée avec son ouvrage *L'Archipel du Goulag ;* car Soljenitsyne ne fut pas expulsé d'Union soviétique parce qu'il a critiqué le stalinisme mais parce qu'il a su démontrer que c'est Lénine qui, par son système centralisé, a rendu possible le stalinisme. Cette lumière commence à luire entre-temps même aux yeux des communistes d'Europe occidentale ; pourtant on recule devant la conséquence douloureuse qui pousserait à prendre congé, non seulement du stalinisme, mais aussi de sa cause objective, le léninisme ; on veut que le pape reste infaillible. D'où découle ma

2e thèse : quiconque veut le socialisme démocratique ne peut collaborer avec les communistes pour lesquels, aujourd'hui autant qu'hier, la hiérarchie léniniste du Parti est sacro-sainte, et par là même le saut dans le stalinisme possible.

Aucune euphorie de style front populaire n'est en mesure de surmonter cette contradiction insoluble. Quiconque ne s'est pas encore aperçu que la théorie du marxisme et l'idée encore plus ancienne d'un socialisme libertaire ont été falsifiées par Lénine qui en a fait un capitalisme d'État autoritaire, et quiconque ignore le fait que le système lénino-stalinien n'est plus capable de réforme et, prisonnier de sa propre idéologie, n'élève plus que des ambitions hégémoniques, eh bien celui-ci reste incapable de percevoir que l'Union soviétique se mesure aux ambitions hégémoniques des USA.

Même la seconde puissance mondiale revendique un système idoine ; les deux puissances mondiales assurent leur existence par le biais d'une force militaire et la négation des droits de l'homme. Que ce soit il y a cinq ans le socialisme démocratique qui fut écrasé en Tchécoslovaquie, que ce soit le gouvernement démocratiquement élu d'Allende qui l'an passé fut renversé au Chili, dans les deux cas c'est la réaction, capitaliste d'État et capitaliste privée, qui a fait acte d'autorité. A ce titre s'ajoute ma

3e thèse : celui qui veut le socialisme démocratique refusera l'alternative capitalisme d'État en place de capitalisme privé. Car les deux textures étatiques échappent à tout contrôle démocratique et refusent la cogestion des ouvriers, certes suivant une inversion idéologique de surface, mais, à y regarder de plus près, par intention : elles ne veulent pas partager le pouvoir.

Cette attaque et hostilité double profile le socialisme démocratique. En tant qu'alternative au capitalisme privé hérité, avec ses trusts surpuissants échappant à tout contrôle démocratique, et en tant qu'alternative au socialisme perverti en Union soviétique, avec ses trusts d'État pareillement incontrôlés, lui échoit la tâche de définir la démocratie et le socialisme comme correspondances réciproques. En outre ma

4e thèse : qui veut le socialisme démocratique tolère ses adversaires politiques, exige d'eux certes pareillement la tolérance comme allant de soi en démocratie ; son élixir, ce sont non pas les partis exerçant temporairement le pouvoir, mais ceux qui se placent dans l'opposition. Une société qui ne tolère aucune opposition entrave la pensée alternative et finit par s'appauvrir sous la domination dogmatique d'un parti sans contradiction et, de ce fait, monarchique.

Pourtant, il en va bien mal de la conscience de soi des partis socialistes, sociaux-démocrates et libéraux de gauche d'Europe occidentale. Là où ils gouvernent, ils sont paralysés par les tergiversations sempiternelles de leurs partenaires de coalition qui sont le plus souvent les libéraux ; là où ils sont dans l'opposition, échoue la tentative de constituer une majorité de gauche, éventuellement par l'incapacité où sont les blocs communistes, également situés dans l'opposition, de se libérer du carcan léniniste.

Il est possible que le Parti communiste d'Italie soit le premier à s'affranchir de la structure élitaire hiérarchisée de Lénine ; pourtant, quant à savoir si cette tentative émancipatrice du Parti communiste français sera possible, cela est douteux. D'où découle ma

5ᵉ thèse : le socialisme démocratique se définit, se contrôle et se bâtit de bas en haut ; raison pour laquelle il refuse la prédominance d'un comité central. Son objectif est une démocratie de base à dominante sociale dans tous les domaines de la société. Un concept démocratique purement formel ne saurait être suffisant ; car les morceaux de choix de la démocratie formelle, s'appelleraient-ils liberté de la presse et d'opinion, ou bien économie de marché, ont démontré le douteux de leur nature et se sont contredits eux-mêmes lorsque les grands trusts dominent le marché prétendu libre et que les géants monopolistes de la presse amplifient leur manipulation de l'opinion et de l'information.

Mais alors, nous demandons-nous, comment le socialisme démocratique définit-il une économie de marché non seulement libre mais aussi sociale ? Ne sera-t-elle réalisable que par une conduite centrale bien qu'aussi placée sous contrôle démocratique ? Et nouvelle question : si, comme il est prouvé, la nationalisation de grands trusts privés ne crée qu'une dépendance nouvelle et incontrôlée, à quelle forme de propriété le socialisme démocratique aspire-t-il ?

Certainement, la cogestion paritaire offre, là où elle devient loi, pour la première fois la possibilité de mettre sous contrôle trusts privés et trusts d'État ; et la pratique a montré de façon certaine que le contrôle du pouvoir est plus important que sa possession, et pourtant la question alternative concernant les rapports de propriété entre capitalisme d'État et capitalisme privé reste ouverte. D'où découle ma

6ᵉ thèse : le socialisme démocratique n'est défini que dans ses prémices. Le besoin de le voir défini s'affirme de plus en plus, depuis que s'affichent la banqueroute morale et l'effondrement du système politique propre aux deux blocs planétaires.

Mon avis : ce devrait être la tâche de ce colloque que de discuter, loin de tout ancrage dogmatique, le socialisme démocratique et ses objectifs, ses chances et ses défis, ses espérances encore vagues, afin que la tentative tchécoslovaque de donner au socialisme un visage humain ne tombe pas dans l'oubli mais soit poursuivie. De ceci s'ensuit ma dernière et

7ᵉ thèse : le socialisme démocratique n'est pas un dogme. Puisqu'il ne décrit pas d'objectif final, et puisque les objectifs d'hier peuvent être la pierre d'achoppement de demain, il lui faut sans cesse se redéfinir. Ni les à-peu-près de la cécité dogmatique, ni les fuites et échappatoires au pays d'Utopie ne lui sont conformes, mais l'unité de la théorie et de la pratique. Avec lui, les Lumières européennes et leur combat contre le dogmatisme et l'intolérance se trouveraient relancés. Pas un seul bouddha communiste, pas un seul Veau d'Or capitaliste ne doit mériter sa dévotion ; car le socialisme démocratique exige la révision permanente du réel existant. A l'exigence millénaire des peuples en matière de liberté et de justice correspond la synthèse de la démocratie et du socialisme ; nous y atteler, voilà quelle devrait être notre tâche.

Discours prononcé lors du colloque de Bièvres sur « l'Expérience tchécoslovaque », 24 février 1974.

L'Allemagne :
deux États – une nation ?

Si je me suis posé l'intitulé de mon propos sous la forme d'une question : « L'Allemagne : deux États – une nation ? » c'est que j'aimerais vous demander de pressentir que la question de la nation, en Allemagne, est plus ancienne que l'histoire des deux États de nation allemande. L'histoire allemande, aussi loin que nous voulions remonter dans le temps, a toujours traversé de grosses difficultés dès lors qu'il s'agissait de formuler concrètement les concepts de « patrie » et de « nation » ou la notion d'État de l'Allemagne.

Comme je n'ai pas l'intention de prendre l'histoire à rebrousse-poil, donc de commencer au Saint Empire romain germanique, et aussi parce que mon exposé serait immanquablement boiteux de l'arrière si je voulais brosser l'histoire du séparatisme allemand comme le palais des glaces de l'absurde, je devrai donc me contenter de renvoyer à mon discours « La multiplicité communiante » que j'ai tenu en mai 1967 devant le Club de la presse de Bonn.

A l'époque, il s'agissait pour moi de prouver à quel point les Allemands avaient été incapables de se comprendre comme nation et avec quelle roideur ils avaient sombré dans le nationalisme au moment où ils s'imposèrent finalement,

115

comme une contrainte cultuelle, la nation en tant que mythe. A l'époque, il s'agissait pour moi de prouver que la structure fédéraliste de l'Allemagne devait être, avec sa tendance au séparatisme, la base de toutes les réflexions qui prétendaient donner au concept de « nation allemande » un contenu nouveau qui ne fût pas, une fois encore, mystificateur. Je voyais les deux États de nation allemande entretenir l'un envers l'autre une relation sur – peut-être – un mode confédéral. J'établissais une différence entre l'unité et l'unification allemande. L'unité allemande, telle est la leçon de l'histoire, agissant au centre de l'Europe et jusqu'au cœur même du monde, a laissé des crises usuelles dans le pays dégénérer en des conflits suprarégionaux. L'unité allemande s'est trop souvent révélée être une menace pour nos voisins pour que nous soyons autorisés à encore l'imposer impudemment à nous et à nos voisins – ne serait-ce que comme objectif imaginaire. Par contre, l'unification allemande est possible dès lors qu'elle s'abstient de la projection vers l'unité, voire, allons au-delà, dès lors qu'elle conçoit le renoncement à l'unité comme présupposé de l'unification.

Les notes destinées à ces réflexions prirent forme pendant le voyage : lors du congrès fédéral du SPD à Sarrebruck, puis au cours d'un voyage à Prague, donc en pleine confrontation avec les inquiétudes du peuple tchécoslovaque.

Sur place, face à la violence croissante des autorités centrales, il devint clair à mes yeux que les peuples tchécoslovaques, dans leur nombre et leur autonomie, se voyaient imposer à ce moment précis une unité égalisatrice dans laquelle, entre Tchèques et Slovaques comme entre ces deux peuples et l'abondance de minorités, commençait à se préparer une unification démocratique.

Occasionnellement, il est nécessaire de contempler de l'extérieur cette Allemagne complètement empêtrée d'elle-même et à l'opinion d'elle-même bien trop légère : le printemps de Prague aux couleurs si mélancoliques se révélait apte à fournir le mot de Gustav Heinemann – « Il existe des patries au destin difficile ; l'Allemagne est l'une d'elles » – de notes marginales et à laisser s'exprimer un scepticisme de bon aloi.

Le voyage de retour à Berlin par Zinnwald et Dresde offrit, puisque, par sa méticulosité bureaucratique, il prévoyait pauses et attentes, suffisamment l'occasion de poser des questions à des citoyens de la RDA en uniforme et sans uniforme. Car ce qui commençait à Erfurt était imminent à Cassel.

Mes impressions de voyage, collectées en période de crue à Sarrebruck, parmi les touristes pentecôtistes à Prague et entre Zinnwald et Berlin, laissaient entrevoir l'image d'une nation modérément inquiète et douée d'un espoir seulement sous-jacent. Souvent, cela me donnait l'impression d'une rainette verte que l'on observe dans son bocal, et tous étaient d'accord en ce sens que l'on n'avait à attendre ni beau fixe ni tempête. Comme toujours lorsque la politique bute contre les limites de ses possibilités, les oracles se mettent à parler.

Le 21 mai, on fournit le téléspectateur d'oracles moins dans le style des prévisions météorologiques que rappelant plutôt carrément les intonations des informations routières : Cassel, voie sans issue ou simple étape ? Nous aussi, nous supputerons et nous demanderons sur quel événement la rencontre de Cassel aura le plus d'impact : les vingt points de Willy Brandt ou les manchettes faites par ces trois lycéens dont la hardiesse douteuse s'en est prise au symbole

117

national. Tout de même subsiste un motif de crainte : que les lycéens n'aient, d'une façon fatale, fait de la politique ; car les pavillons et la dispute sur le drapeau national ont, chez nous, toujours eu plus de poids que les tentatives lucides d'amorcer une politique de détente centre-européenne avec l'aide des deux Allemagnes.

Le manque de conscience nationale, en Allemagne, ne pouvait être compensé même par un surplus de sentiment national flou ; maintenant, les complexes se ravivent, dans leur pangermanité, le long des mâts de drapeaux.

Nous pouvons être certains que la maison Springer alimentera pareille hystérie à coup de tirages et la tiendra en haleine ; nous pouvons pareillement être certains que la presse de RDA attribuera valeur de relique à ce drapeau lacéré à Cassel. Pas d'irrationalisme qui ne trouve son écho dans sa propagation. La raison, par contre, manque de chambres d'écho et de symbolisme photogénique.

Pourtant, les négociations de Cassel ne furent pas rendues plus difficiles par un canular quelconque, donc excusable pour cette raison. Bien plus, trois lycéens ont exactement fait ce que les politiciens de l'Union Barzel et Strauss voulaient voir compris comme politique nationale. Si le gouvernement Brandt/Scheel a toujours tenté d'obtenir par la négociation cette proportion de détente qui a permis de mettre fin aux tirs sur les fugitifs de RDA, Strauss et Barzel ne se lassèrent pas d'ériger en barrière à toute négociation le fait que, aujourd'hui comme hier, on continuât à tirer. Trois lycéens, à Cassel, ont pris les politiciens de l'union au mot. Le politicien du SED Honecker a lieu de remercier les trois lycéens et leurs apologistes. Et à l'inverse, Strauss et Barzel ont le droit de remercier Honecker et Norden pour le défilé de la jeunesse communiste (DKP). Les dogmatiques de la guerre froide savent ce dont ils sont redevables l'un à l'autre. Vous allez vous demander pourquoi j'accorde une telle place à l'épisode de Cassel, d'autant que les supports de gros titres ont une période brève et qu'en règle générale ils sont suffisamment vite chassés par d'autres gros titres. Ma réponse tentera de clarifier dans quelle mesure l'amenée et la lacération du drapeau de la RDA est l'expression d'une politique qui, dans les deux Allemagnes, a défendu la cause du nationalisme et en même temps pratiqué le séparatisme de la tradition vieille-allemande.

Pour limitées que puissent avoir été les possibilités de la politique de détente européenne en Europe centrale lors de ces vingt dernières années, la politique étrangère et inter-allemande de l'Allemagne fédérale a préféré, particulière-ment du temps du chancelier fédéral Adenauer, se définir à partir d'impossibilités lorsqu'elle accumula, par ses pro-messes vagues d'une réunification du Reich allemand dans les frontières de 1937, une telle charge de démesure, de prétention et d'illusion que toute politique à venir, donc aussi celle pratiquée du temps du gouvernement Brandt/Scheel, ne peut être couronnée de succès qu'à partir du moment où le terme diffamatoire de « politicien capitulard » se limite dans l'opinion publique à une utilisation marginale.

Il s'agit de rayer sans recours du catalogue des impos-sibilités politiques la prétention d'une réunification dans les frontières de 1937. Puisque même les partis de l'Union ne maintiennent plus qu'en pointillé cette prétention verbale de Konrad Adenauer, les difficultés véritables commencent dès que s'élève la prétention, certes limitée géographique-ment et pourtant impossible, d'une réunification des deux

Allemagnes telles qu'elles sont apparues après 1949 – l'une excluant l'autre.

Il n'y aura pas de réunion de la RDA avec la République fédérale sous l'égide ouest-allemande ; il n'y aura pas de réunion de la RDA et de la République fédérale sous l'égide est-allemande. L'opposition à une telle réunion – disons carrément : puissance dominante – ne proviendrait pas seulement de nos voisins ouest- ou bien est-européens ; il faut ajouter deux types de société qui s'excluent totalement l'un l'autre. Et même si le système capitaliste à l'Ouest devait, dans le cadre d'une politique à dominante social-démocrate, évoluer vers la cogestion, le socialisme cogestionnaire démocratique à l'occidentale se trouverait inconciliablement opposé au capitalisme d'État dépourvu de contrôle démocratique du socialisme oriental. On imaginerait un accord technocratico-économique entre le capitalisme privé traditionnel et le capitalisme d'État traditionnel, plutôt qu'un alignement de la social-démocratie et du communisme.

Quand, il y a deux ans, on tenta pour la première fois en Tchécoslovaquie de fournir après coup une base démocratique et une légitimation au communisme centralisé, l'entrée des troupes venues des cinq pays du pacte de Varsovie fit apparaître, en plus de la volonté hégémonique de l'Union soviétique, nettement les limites du particularisme communiste. Le communisme centralisé, tel que Lénine l'a esquissé et Staline logiquement développé, ne permet aucune démocratisation ; à moins qu'il ne remette son dogme et, partant, son pouvoir en question.

En d'autres termes : si, aujourd'hui nous parlons de deux États de nation allemande, il nous faudra prendre acte, en plus de la séparation territoriale et étatique, de l'incompatibilité des deux données sociales allemandes.

Est-ce que – est-on en droit de le demander – la reconnaissance de droit international et donc le mode de relation de pays à pays ne seront pas la conséquence la plus claire de pareilles réflexions ? Et dans quel but a-t-on besoin à l'avenir d'un concept si dangereux ici, tel celui de nation, si cette nation se trouve être divisée territorialement, étatiquement et socialement ?

Je pars de l'idée selon laquelle la reconnaissance traditionnelle de droit international, donc la transformation de la nation divisée en un mode de relation de pays à pays, ne peut conduire qu'à un renforcement de l'état de crise en Europe centrale en prolongeant, par une réflexion nationale dépassée, le conflit latent entre les deux blocs, en dédoublant le nationalisme allemand et en sapant à la base la nécessaire politique de détente européenne ; car un double nationalisme engendre double tension, double prétention à l'unité et une crise permanente au cœur de l'Europe. La reconnaissance de droit international de la RDA, donc la renonciation à un mode de relation interne des deux États entre eux, pourrait avoir la vietnamisation de l'Allemagne pour conséquence. A cela s'opposent, espérons-le, la raison et les intérêts des peuples voisins. La Corée et le Vietnam sont des exemples qui ne demandent pas d'imitation.

Il faut bien plus s'attendre à ce que les deux Allemagnes, dans leur différence et leur contraste, donnent une nouvelle signification au concept traditionnel de nation en surmontant la traditionnelle matière à conflit, la nation. La nouvelle acception de la nation présuppose assurément que s'accroissent les tâches qui étaient inconnues de cette vieille nation effondrée qui ne doit pas être un objet de restauration.

Le chancelier fédéral a consigné dans son programme en vingt points des tâches réalisables maintenant et qui ne peuvent être.accomplies que par les deux Allemagnes. Je veux essayer d'esquisser d'autres tâches qui s'inscrivent dans l'avenir et qui, formulées aujourd'hui – si peu de temps après Cassel –, peuvent sembler avoir le parfum de l'utopique.

Comme première tâche des deux États de nation allemande, je place l'assomption commune de l'histoire allemande récente et de ses suites. La RDA tout comme la République fédérale sont les héritières du Troisième Reich ; aucun boniment ne permettra à chacun des deux États d'échapper à cette conséquence contraignante. Lorsque Willy Brandt et Willi Stoph ont visité près d'Erfurt l'ancien camp de concentration de Buchenwald, et à Cassel un monument dédié à l'antifascisme, cela, les deux fois, s'est fait plus par banale routine d'hommes d'État, parce que les deux hommes politiques étaient et seront dès lors forcés de suivre les traces de l'histoire allemande. La nouvelle nation devra, si elle veut se comprendre avec une pleine cohérence, porter sur les deux épaules la banqueroute globale de la vieille nation.

Comme seconde tâche des deux États de nation allemande, je place leur coopération responsable dès qu'il s'agira de concrétiser en Europe la politique de détente et le concept jusqu'ici vide de sens de « coexistence pacifique ». La République fédérale et la RDA, en tant que partenaires de l'alliance de l'Atlantique-Nord et du pacte de Varsovie, se voient directement attribuer des tâches qui sont, dans l'intérêt de la nouvelle nation, en même temps des tâches européennes. La volonté souvent proclamée d'un désarmement progressif des deux blocs pourrait, dans les deux Allemagnes, passer son examen et ainsi donner un sens au concept nouvellement formulé de nation.

En troisième tâche, découle de ce qui a été dit précédemment la coopération des deux Allemagnes dans le domaine de la recherche sur la paix et les conflits armés. Où, sinon en Allemagne, se trouverait autant motif, où, sinon à Berlin, serait le lieu approprié, pour frotter cette science au goût nouveau au contact de la réalité et à celui de ses conflits toujours renaissants et pour la développer, d'autant que la paix, la guerre et le conflit furent jusqu'à maintenant fondés, d'un point de vue communiste, d'un point de vue démocratique, de façon différente, voire antagoniste ?

Comme quatrième tâche, s'offre aux deux États de nation allemande la coopération dans le domaine de l'aide aux pays du tiers monde. La République fédérale et la RDA sont des États industriels ; donc il leur échoit, à eux comme à tous les pays industriels, l'engagement de pratiquer une politique de développement qui ne soit plus orientée selon la pensée expansionniste néo-coloniale des blocs. Quand la République fédérale et la RDA, un jour – que ce soit en Afrique, que ce soit en Amérique du Sud –, commenceront à mettre en œuvre des projets de développement élaborés en commun, le concept « deux États de nation allemande » aura surmonté le nationalisme de la vieille école et se révélera comme capable d'apporter, à d'autres nations divisées, de l'aide dans la solution de leurs conflits.

Il peut vous paraître scabreux, quelques jours après Cassel et dans un état de désillusion générale, de voir quelqu'un mettre si imperturbablement le cap sur l'avenir.

123

Pourtant, nous serons forcés de prendre au sérieux l'indication donnée par Willy Brandt d'« une utopie concrète », et pour la raison que le paysage de bocage actuel, taillé au cordeau du formalisme juridique, menace de nous priver de vision d'ensemble et de perspective : le mot *Realpolitik,* bien trop souvent, ce qui peut se démontrer, s'est révélé simple synonyme de courte vue.

Realpolitik, cela devrait offrir suffisamment de perspectives pour pouvoir gagner sur l'avenir un peu de contour utopique. *Realpolitik,* cela devrait pareillement sous-entendre suffisamment de patience pour, sous l'entassement d'effets contradictoires et irrationnels – comme ils apparurent à Cassel –, mettre les causes à nu.

Quiconque a observé le rendez-vous galant des groupements politiques extrêmes, en concomitance avec la léthargie du centre et de la majorité, et à qui n'a point échappé que ce furent avant tout des jeunes qui, interchangeables dans leur aspect, poussaient devant eux le vocabulaire croupi des aberrations politiques, celui-là devrait saisir à quel point on a échoué, en République fédérale pendant les vingt dernières années, malgré un anticommunisme forcené et une active éducation à la démocratie, dans la tentative visant à débarrasser le national-socialisme de ses répercussions et à priver le communisme stalinien de son aura d'idéologie salvatrice. Aussi longtemps que des minorités trouveront place nette en République fédérale pour pouvoir se manifester en tant que majorités, les *mass media,* malgré la meilleure volonté du monde, ne pourront s'empêcher de projeter des images bâclées comme représentation de la réalité. C'est ainsi que Cassel est devenu d'une part le terrain de jeu des groupes habituels d'extrême gauche et d'extrême droite, et d'autre part l'expression impuissante d'une majorité démocratique à peine visible. La politique et l'avenir de la République fédérale n'échoueront certainement pas à cause des prétentions politiques de groupements extrémistes ; c'est l'apathie de larges couches de la population qui pourrait à la longue faire perdre pied et contrôle à la démocratie sociale et à son sensible instrument démocratique.

L'équivalent d'un cauchemar, voilà ce qu'est l'image d'une génération née après la guerre, qui pourrait pénétrer et grandir dans le harnois national traditionnel pour la seule raison que manquent à la nouvelle acception de deux États de nation allemande, avant toutes choses, la substance politique et les possibilités d'éclairer l'opinion publique. Rien que la tentative d'expliquer à mes fils de douze ans quelles suites perceptibles a jusqu'à aujourd'hui le nationalisme traditionnel et combien il serait nécessaire de concevoir la nation allemande comme quelque chose qui doit se proposer des tâches concrètes, sociales, d'aide au développement et en faveur de la paix, me montre clairement l'ampleur du vide national et la rapidité à laquelle, avec l'aide des démagogues à tout instant disponibles, il pourrait être rempli une nouvelle fois. La tambouille nationaliste d'avant-hier est certes aigrie, mais elle trouve toujours preneur.

C'est ici que commencent à devenir extrêmement urgentes les tâches pédagogiques à propos desquelles j'aimerais donner des indications, et particulièrement dans votre cercle.

Bien plus difficile parce que plus solidifiée, voilà l'impression que donne la situation dans l'autre État de nation allemande. La RDA a dû supporter le passage rapide et presque sans transition du national-socialisme au stalinisme sans la moindre chance d'une propre représentation de la démocratie. Dans la même mesure où la République fédérale, du temps de Konrad Adenauer, s'adonnait au séparatisme et à l'autonomie, le SED imposait en RDA une restauration de l'État national qui, du moins en toute logique géographique, prenait ses orientations sur le modèle de la Prusse. Personne ne peut donc s'étonner si, dans la Pologne voisine, on reconnut avec méfiance dans la RDA l'héritière de la Prusse.

La prétention à l'unicité représentative de la République fédérale et l'instrument aussi inapte que coûteux qu'était la doctrine Hallstein contribuèrent considérablement à ce que le traumatisme de la non-reconnaissance s'affirmât et s'amplifiât. Personne n'a de bonne raison de s'étonner lorsque, de nos jours, la RDA, si sourde aux arguments et si marquée d'une arrogance infantile, affiche son désir de reconnaissance. A cela s'ajoute le fait que cette obsession de reconnaissance, s'appuyant sur une puissance économique en rapport, n'attire à la RDA guère de sympathie à l'intérieur du bloc oriental. La participation d'unités de l'Armée populaire nationale à l'occupation de la Tchécoslovaquie a réveillé, non seulement dans le pays occupé mais aussi chez les autres puissances occupantes du pacte de Varsovie, des souvenirs qui s'inscrivent au discrédit global des Allemands.

Bien nourris, et pourtant curieusement engoncés dans des vêtements taillés, les uns à la mode, les autres de style grand-papa, les deux États de nation allemande se font face et se conduisent gauchement parce que, dans leur subconscient, ils savent qu'ils se meuvent comme écartelés dans le champ visuel de leurs voisins à bon droit méfiants.

L'an passé, l'apparition d'une volonté démocratique, du moins son premier mouvement, a aidé la République fédérale à se forger une nouvelle acception de soi-même et de ses tâches politiques en Europe centrale. Depuis que Gustav Heinemann est président fédéral et que Willy Brandt, en tant que chancelier fédéral, trace les grandes lignes de la politique, la République fédérale se voit accorder, à l'étranger plus qu'à l'intérieur, un crédit croissant de maturité démocratique. Le champ sémantique qui fut longtemps porteur – revanchisme ouest-allemand, militarisme, néonazisme – ne porte plus.

Pourtant, cette utile transformation de l'image globale de la République fédérale ne s'est, jusqu'à maintenant, pas encore reportée, dans son pouvoir transformateur ou dilueur des vieilles obsessions, sur la RDA. La peur de l'alternative social-démocrate est si immanente au communisme stalinien que, particulièrement là où sociaux-démocrates et communistes font la même histoire, les possibilités de changement s'en trouvent bloquées ; car toute transformation du réel existant met hors service les dogmes qui ont leurs racines dans ce seul réel existant.

Depuis que le gouvernement de coalition socio-libérale a entamé sa nouvelle politique allemande et est-européenne et depuis que le concept « deux États de nation allemande » se trouve certes proclamé, mais n'est pas encore palpable politiquement, on parle, face à de longues négociations tourmentées, à titre d'avertissement ou – après les contrecoups – à titre d'excuse, du « chemin cahoteux », de la « traversée du désert », de « cette tâche de longue haleine qui s'offre à nous pendant la décennie à venir ». Ceux qui mettent en garde de cette façon n'exagèrent pas. L'histoire ne pratique pas le saut brusque. Et si l'histoire s'y essaie, nous la voyons bientôt retomber : le progrès n'obéit à aucune technique de saut.

127

Je me suis efforcé de montrer les difficultés et les contradictions. Pourtant ma tentative de présenter sous différents éclairages le concept « deux États de nation allemande » serait rétrécie et prisonnière de l'ésotérisme allemand si je ne voulais, pour finir, le remettre en question globalement par une courte indication, plus dévastatrice que clarifiante, portant sur la politique mondiale et la tendance, qu'elle a pour l'instant, à l'irrationnel.

Les États-Unis d'Amérique et l'Union soviétique, en politique intérieure ou extérieure, du point de vue idéologique tout comme moral, ne sont plus en mesure de jouer dans leurs empires le rôle de maintien de l'ordre, bref de gendarmes du monde. Une démesure d'intérêts fortement ramifiés et de responsabilités fait apparaître une rupture que nul n'ignore dans la conscience de soi des deux Grandes Puissances. Elles réagissent usées par la route parcourue et avec susceptibilité, occasionnellement pusillanimes, puis tapageuses. Le rôle de la république de Chine n'était pas prévu dans leur pièce. Nous ne savons pas et pouvons à peine influencer quelle part la raison aura à l'avenir dans la politique mondiale. La contribution de notre côté – c'est-à-dire les tâches incombant aux deux États de nation allemande – devrait, précisément parce que l'Allemagne a toujours et encore été le champ nuptial de l'irrationalisme, dès lors exclusivement s'appuyer sur la raison, dans le sens des Lumières européennes ; à moins que nous ne reniions la meilleure des traditions européennes et suivions les oracles des grenouilles du bocal politique.

Discours prononcé lors du séminaire de la Fondation Fritz-Ebert, Bergneustadt, 23 mai 1970.

Ce qu'Erfurt signifie en plus

Même pour le 1er Mai, il va falloir, au début des années soixante-dix, nous mettre en quête d'un contenu neuf s'il ne doit pas devenir une formule vide aux échos sonores. Ce jour de fête ne doit pas être ravalé au rang d'une estrade où prononcer des panégyriques au goût du jour.

Le 1er Mai ne se prête pas à la promotion routinière d'une politique syndicale au jour le jour, si importante qu'elle soit ainsi que ses enjeux ; aujourd'hui, 1er Mai, il faut souligner des causes historiques dont les effets ne cessent de nous rattraper et trop souvent nous surprennent.

Après vingt ans de République fédérale et de République démocratique allemande, après vingt ans de DGB et de FDGB, après maintenant quinze ans de Bundeswehr et de Volksarmee, après le changement de gouvernement intervenu à Bonn, l'histoire allemande longtemps refoulée, avec ses conséquences, commence à nous parvenir : il n'y a plus moyen d'esquiver. Las de rêveries, nous faisons une chose qui fut longtemps interdite : nous commençons à reconnaître la vérité.

Cette vérité n'est pas réjouissante. Elle fait mal, parce qu'elle rend consciente la partition ; et plus d'un peut déplorer que les idéaux anciens et si harmonieux aient été classés aux archives grâce à la nouvelle politique. Le mot « réunification » et le désir de réunification furent, vingt ans durant, plus forts que l'enseignement quotidien de la réalité. Il ne faut qu'y croire fermement ! Tel était le mot d'ordre. Et où que nous vissions l'occasion de célébrer quelque chose, soit le 17 juin, soit le 1er Mai, nous commencions à nous imposer et à nous inculquer cette foi de pacotille.

Mais la foi en la réunification n'a pu déplacer une montagne, encore moins le mur de Berlin. Aujourd'hui, nous osons énoncer ce que beaucoup savaient, mais ne disaient qu'à mots couverts, ce que beaucoup pressentaient, mais dont, par un trop compréhensible excès d'orthodoxie, ils ne voulaient convenir. Il n'y aura pas de réunification : pas sous l'égide de notre système social, pas sous l'enseigne communiste. Deux États allemands de nation allemande, plus opposés et plus réciproquement hostiles qu'on n'oserait l'imaginer, doivent apprendre à vivre côte à côte et à purger ensemble les hypothèques d'une commune histoire.

Comment s'y prendra-t-on ? Nous avons si peu de pratique ! Comment vit-on côte à côte et ensemble ? Nous avons vu les images d'Erfurt. Willy Brandt et Willi Stoph : deux hommes qui savaient s'évaluer à froid. Deux politiques sur une étroite crête : l'un que M. Strauss aimerait faire trébucher, l'autre avec un Honecker sur le dos. Honecker et Strauss : idéologiquement, des mondes les séparent, mais le dogme de la guerre froide les unit et leur fait espérer un échec du petit début d'Erfurt. On dirait souvent qu'il n'y a plus d'accord panallemand que dans la négation absolue.

Mais nous vîmes aussi la place entre la gare et l'hôtel. Une joie spontanée et un prudent espoir se lisaient sur les photos, mais aussi la contre-agitation de commande, aigrie.

Ce que nous ne vîmes pas, mais savons depuis, c'est que quelques citoyens de la RDA, pour avoir seulement réagi spontanément, connurent des difficultés, parce que le communisme ne tolère aucune spontanéité et parce que l'inhumaine logique du dogme communiste doit faire preuve de dureté, même là où l'aveu de la faiblesse vaudrait de la sympathie aux dirigeants de la RDA.

Au demeurant, rien qui ne se soit produit à Erfurt que de sympathique. Nous convînmes qu'un politique, diffamé peu de temps auparavant dans les deux États allemands, donc à deux voix, possède la confiance de nos compatriotes limitrophes ; Willy Brandt vint à la fenêtre non pour recevoir l'ovation, mais pour remercier et demander qu'on tînt compte de la difficulté de sa tâche.

On l'a compris. Mais avons-nous compris cette image montrant le chancelier fédéral de la République fédérale dans l'ancien camp de concentration de Buchenwald ? Dépôt d'une couronne. Rien que le geste usuel ? Ou bien davantage ? Dans le camp de concentration de Buchenwald, des communistes et des sociaux-démocrates allemands. Où qu'on aille, on se heurte aux survivances du passé. A peine une fondation qui ne soit à double fond, à peine un mot qui ne soit à double sens.

Erfurt signifie plus que la rencontre du 19 mars 1970. Dans l'histoire plus que séculaire de la social-démocratie et du mouvement syndical allemand, l'histoire de la ville d'Erfurt est d'un poids plus accablant que ne veulent se

l'avouer beaucoup de sociaux-démocrates et de syndicalistes.

Ce sera sans doute pour eux et pour moi un plaisir,
aujourd'hui, le 1er Mai, de jeter un regard en arrière afin
de nous rappeler ce qu'Erfurt signifie en sus.

En 1891, une année après l'abolition des lois bis-
marckiennes sur le socialisme, eut lieu à Erfurt un congrès
du Parti social-démocrate d'Allemagne. C'est lors de cet
important congrès que fut proclamé le programme d'Erfurt.
C'est à propos de ce programme que s'alluma un conflit
intérieur au parti qui dura longtemps, ne tarda pas à secouer
le mouvement ouvrier dans toute l'Europe et se poursuit
jusqu'à nos jours sous des drapeaux à peine modifiés. Je
parle de la querelle du révisionnisme et de ses suites, donc
d'un conflit qui a pendant des années affronté la classe
ouvrière socialiste, plus tard l'a définitivement scindée et
a débouché pour finir sur une haine mortelle : Erfurt 1891
– et Erfurt 1970 : l'histoire ne se répète pas, mais elle a
une mémoire d'éléphant. Remontons les pages.

Jusqu'au congrès d'Erfurt, la social-démocratie allemande était marquée par les théories de Lassalle plus que
par Marx et Engels. Quand en 1875 les sociaux-démocrates
d'Eisenach sous Bebel et les lassalliens de Gotha fondèrent
le Parti ouvrier socialiste, Marx et Engels demeurèrent
sceptiques. Une distance, une méfiance, une admiration
réciproque et des malentendus grandissants séparaient le
travail pratique des sociaux-démocrates allemands et les
deux stricts théoriciens dans leur exil londonien. Même la
brochure émancipatrice d'August Bebel, *La Femme et le
Socialisme,* s'inspirait plutôt du proto-socialiste français
Fourier que de Marx et d'Engels.

132

Le programme précédent, élaboré au congrès de Gotha, avait été en son temps vertement critiqué par Marx ; son auteur, Wilhelm Liebknecht, ne put dès lors se prévaloir d'être le théoricien numéro un du parti.

Pendant les douze ans de la persécution, l'ère des lois antisocialistes, tous les journaux et périodiques sociaux-démocrates avaient été interdits. Nulle part, il n'avait été possible de prolonger les théories de Ferdinand Lassalle et de les libérer des entraves d'un socialisme d'État d'inspiration prussienne. Certes le SPD survécut au temps des persécutions, fort en nombre et de nouveaux espoirs, mais il se trouvait dans un vide intellectuel et théorique.

Seuls les deux théoriciens sociaux-démocrates Karl Kautsky et Eduard Bernstein, pendant les années quatre-vingt, avaient gardé un contact étroit avec Friedrich Engels. S'appuyant sur lui et sur l'autorité d'August Bebel, ils rédigèrent le programme d'Erfurt. Peu d'années après la mort de Karl Marx, pour la première fois, la prétention scientifique marxiste et le dogmatisme marxiste entrèrent dans les programmes du mouvement ouvrier allemand. Le programme d'Erfurt est en deux parties. La partie théorique revient à Kautsky, la pratique à Bernstein. De cette dualité séparant l'exigence révolutionnaire et la volonté pratique de réforme date le début de la scission en révolutionnaires d'une part et réformistes d'autre part. Kautsky et Bernstein, les pères du programme d'Erfurt, sont aussi les pères du conflit qui se poursuit jusqu'à nos jours. Leur intention n'avait sûrement pas été de couper le parti en deux ; ce sont les contradictions déjà inhérentes à Marx qui refusent une synthèse dialectique entre théorie et pratique.

Pour un peu, l'on croirait que la semaine de travail

socialiste, aux termes du programme d'Erfurt, se divise en un dimanche révolutionnaire et en six jours pratiques pensant à la réforme en semaine. De plus, la prétention révolutionnaire de l'aile Kautsky-Bebel était de nature purement théorique. Les réformateurs Bernstein et Vollmar ironisaient sur les discours dominicaux révolutionnaires de quelques sociaux-démocrates qui, les jours de semaine, vaquaient sobrement et pratiquement à leur laborieux travail de réforme.

Voici les contrastes du programme d'Erfurt.

Kautsky – et avec lui Bebel – pose un but final : la transformation de la propriété privée capitaliste des moyens de production en propriété sociale. Tous deux se fondent sur la théorie marxiste de l'effondrement radical imminent du capitalisme et de la société bourgeoise avec lui. Leur programme, dans la mesure où il reste théorique, signifie une déclaration de guerre inconditionnelle au système social existant ; il exclut une collaboration parlementaire, même dans le rôle de l'opposition.

En face : le programme de travail pratique de Bernstein et de Georg Vollmar qui collaborent à la commission du programme présente un catalogue solide pour l'amélioration de la situation sociale des ouvriers et des femmes. Il se rattache nettement à la législation sociale d'État, admet le Parlement comme lieu de travail démocratique en faveur des réformes envisagées, nomme des objectifs sociaux-démocrates qui dès cette époque signifiaient une politique pratique bien qu'ils ne fussent atteints que des décennies plus tard : par exemple le vote des femmes et la suppression de la peine de mort.

La tendance de la partie pratique du programme est de

développer une démocratie mi-plébiscitaire mi-représenta-
tive dans laquelle « l'auto-administration du peuple dans le
Reich, l'État, la province et la commune » ainsi que « l'élection des autorités par le peuple ont une grande importance ».

Si aujourd'hui nous cherchons les causes qui conférèrent
un si grand effet de confusion aux contradictions littéralement tragi-comiques du programme d'Erfurt, la référence
à Marx et à sa théorie des catastrophes suggérant la fin
du capitalisme n'apporte qu'une réponse partielle. C'est la
longue période de régression qui, même chez les sociaux-
démocrates modérés, a fait grandir l'espoir d'une révolution
libératrice. La correspondance entre August Bebel et Friedrich Engels atteste comment toute crise du système économique capitaliste a pu nourrir les spéculations de ces
deux êtres si réalistes. On espérait littéralement la misérification des masses travailleuses et pourtant on était prêt
à combattre la misérification par un quotidien travail de
réforme. La révolution valait article de foi, mais la détresse
sociale était plus pressante. August Bebel, au temps des
lois antisocialistes, pendant les douze ans de persécution,
a pu surmonter cette discordance ; lui-même, dans sa foi
en la révolution, et dans sa pratique de grand parlementaire,
était partie prenante et porte-drapeau de cette discordance.

Au total on peut dire que la partie théorique du programme d'Erfurt rejette une forme de société que la partie
pratique du même programme considère comme donnée,
veut développer en démocratie et consolider par des réformes
sociales.

Un bon siècle après, il est de peu de sens de crier au
fou et d'accuser d'une part la trahison des idées révolutionnaires, d'autre part le mandarinisme scientifique. Nous

avons une faible idée de la pression qu'exerçaient les lois antisocialistes. Nous soupçonnons à peine quelle fut la performance de Bebel quand l'enjeu était de sauvegarder un mouvement ouvrier sans ressources et désorganisé tout au long d'une traversée du désert étendue sur douze ans. A l'époque, le programme d'Erfurt reçut l'approbation du parti entier ; il fut adopté à la quasi-unanimité. Après le temps de la persécution, on était heureux de retrouver le sol sous ses pieds.

Aujourd'hui, nous voyons clair : théorie et pratique se faisaient face, incompatibles, s'excluant l'une l'autre, susceptibles de scinder le mouvement ouvrier non seulement en Allemagne, mais, ainsi qu'il devait apparaître, dans toute l'Europe. Car le Parti social-démocrate allemand passa pour exemplaire en Europe : il fit école par sa force et sa faiblesse.

Peu d'années plus tard, les praticiens de la politique s'efforçaient déjà de surmonter la fatale opposition entre la pratique et la théorie utopique, voire romanesque, en poussant, lors de congrès, à la révision du programme d'Erfurt ; on les appelait « révisionnistes » ; une insulte politique qui a persisté jusqu'à nos jours. Alexandre Dubček et Ota Šik, théoriciens du communisme réformé tchécoslovaque, furent taxés de révisionnisme quand fut occupée la République socialiste tchécoslovaque.

Si l'on questionne l'histoire, on trouvera ce type de pétrification dogmatique dans les procès d'hérésie : tant Giordano Bruno que les Albigeois, tant les hussites que les luthériens, tous passèrent pour révisionnistes du point de vue du dogme catholique et en payèrent le prix.

Eduard Bernstein, le plus important révisionniste de son

temps, succomba alors à l'aile verbaliste révolutionnaire de son parti. C'est seulement aujourd'hui que nous comprenons avec quelle clairvoyance et quelle netteté scientifique Bernstein a devancé son époque. En niant de bonne heure l'objectif final « dictature du prolétariat », il devint par la suite, quand Lénine s'engagea dans cette voie, un des premiers critiques du totalitarisme communiste. Bernstein le premier a osé contredire la superstition marxiste du prochain écroulement de la société capitaliste bourgeoise. Il mit en garde contre la promotion larvée du désir et de la rêverie. Il a démontré que la société capitaliste possède des « capacités d'adaptation », donc ne suit pas des lois intangibles d'une validité éternelle selon Marx. Pourtant l'analyse de Bernstein eut beau se vérifier : la rêverie et la superstition dogmatique ont pu survivre au sein des partis socialistes.

Pour donner un exemple de notre époque : partout où la Nouvelle Gauche qualifie le capitalisme de « capitalisme en phase finale », elle s'accroche à ses vieux fantasmes en suggérant, sans preuve aucune, que le capitalisme se trouve dans une phase tardive, donc en phase terminale.

Pourtant l'histoire pourrait nous enseigner que le capitalisme est aussi vieux ou aussi jeune que le socialisme, qu'ils se conditionnent et s'influencent réciproquement, voire que l'expropriation du capital privé sous la pression de la dictature du prolétariat n'a pas abouti à la fin du capitalisme, mais à une nouvelle forme d'oppression établie par Lénine : le capitalisme socialiste d'État. Quand Willy Brandt et Willi Stoph, le social-démocrate et le communiste, se rencontrèrent à Erfurt, ils représentaient, outre la scission historique du socialisme et de la nation, respectivement l'ordre social capitaliste privé et l'étatique ; c'est à bon droit qu'Eduard Bernstein, il y a plus de soixante-dix ans, a parlé des « capacités d'adaptation » de l'économie capitaliste ; il ne l'a pas confiné dans la propriété privée.

Mais avant d'en revenir à Erfurt 1970, je veux revenir sur Erfurt 1891. Il vaut la peine de remonter l'éphéméride et de reprendre les causes de l'autodestruction socialiste et les débuts de la moderne politique de réformes de la social-démocratie. Car autant le programme d'Erfurt affaiblit durablement et finalement scinda le mouvement ouvrier européen, autant les discussions qui le suivirent ont tenacement fortifié la conscience de soi de ceux des ouvriers qui s'étaient organisés sur le lieu même du travail. Le début du révisionnisme date le début de la montée en puissance du mouvement syndical. Les corporatistes et les syndicalistes, confrontés chaque jour aux exigences pratiques de la politique, comprirent d'emblée à quel point il était nécessaire de soumettre à révision les théories lunaires du programme d'Erfurt.

Le projet de Bernstein : noyautage et contrôle des moyens de production, peut passer pour une première ébauche de modèles de participation aujourd'hui discutés. Ainsi le programme de Godesberg peut être compris comme une victoire tardive de la politique révisionniste de réformes. A ce seul titre il exige dès à présent une révision, car toute politique de réformes a besoin d'une révision permanente.

La participation, dans la mesure où elle s'entend comme un moyen efficace de contrôle, pourrait être le rechange démocratique du capitalisme privé traditionnel de notre ordre social comme du traditionnel capitalisme d'État de l'ordre social communiste ; elle ne sera réalisable que sous l'aspect d'une réforme d'ensemble affectant tous les ressorts de la société – dans les écoles et universités, sur le lieu de travail et dans le droit. Étant un projet de réforme, elle est tenue à la démarche évolutionnaire.

Il serait peu rationnel, à l'exemple du programme d'Erfurt, d'esquisser une théorie révolutionnaire comme détonateur. Car un retour sur l'histoire devrait nous enseigner ceci : un programme de parti dont la composante théorique pratique la voltige révolutionnaire tandis que sa composante pratique prescrit les lents exercices préliminaires de la réforme, fortifiera au plus le dédoublement de la conscience : il n'y a pas d'escargots sauteurs.

Mais – nous demandons-nous –, après la scission du mouvement ouvrier, ne pourrait-il pas se produire une réconciliation entre révolutionnaires et réformistes, entre communistes et sociaux-démocrates ? Se pourrait-il que la rencontre de Willy Brandt et de Willi Stoph soit un pas dans cette direction ?

A y regarder de près, on peut constater que sur la table de conférence d'Erfurt 1970 figuraient en guise d'amadou ces mêmes conflits qui trouvèrent, voici quatre-vingts ans, leur première expression dans le programme d'Erfurt. On a trop longtemps diffamé la démarche adogmatique du révisionnisme vers le socialisme. La partie révolutionnaire du mouvement ouvrier européen a payé trop cher. La perte de droits fondamentaux démocratiques est trop grande dans les États communistes pour compenser la transformation du capitalisme privé en capitalisme d'État : en bref, le remplacement d'une ancienne forme d'oppression par une autre plus neuve.

La social-démocratie et le communisme peuvent sans

139

doute exister côte à côte ; ils ne peuvent se mélanger. Quiconque rêve sur ce point d'une réunification se réveillera au choc des réalités. Quiconque ici s'adonne à l'espoir n'a rien pu apprendre de l'histoire. Irréconciliable, le communisme voit toujours dans la social-démocratie son adversaire numéro un. Feuilletons le glossaire d'Ulbricht : révisionnisme, réformisme, social-démocratisme sont pour lui pareillement hérétiques et voués à la persécution.

Pourtant, même à l'Ouest, la querelle du révisionnisme n'est pas close à ce jour. A suivre les discussions estudiantines des trois dernières années, on est frappé de voir que les exigences révolutionnaires d'une minorité ne pouvaient s'accorder aux objectifs de réformes d'une majorité. Quelle véhémence, mais aussi quel anachronisme dans la querelle de la légitimité du recours à la violence. Que de rhétorique dans l'emploi du mot « révolution », et quelle part de mode dans le jeu changeant des attitudes révolutionnaires. Quel acharnement dans le combat interne de l'aile révolutionnaire des groupes, et quelle imperméabilité aux leçons de l'histoire ils s'allaient reprochant l'un à l'autre.

Pourtant ce que le SDS offrait en guise de combats de groupes n'était qu'un reflet des tensions mondiales qui s'accroissaient au sein du socialisme communiste. La même Union soviétique qui avait d'abord combattu le titisme yougoslave et ensuite le socialisme démocratique tchécoslovaque sous le nom de révisionnisme se voit aujourd'hui accusée de la même hérésie par la République populaire chinoise.

Personne ne se demande plus ce que signifie le mot « révisionnisme » ni à quel point est nécessaire la permanente révision de ce qui existe. On reprenait et reprend

140

sans examen l'insulte devenue entre-temps classique ; pourtant, en présence d'une forte ankylose dogmatique, il y aurait lieu de porter à titre honorifique l'accusation de « révisionnisme ».

Je mets donc à profit le 1er mai 1970 pour donner au si admirable Bernstein un brevet de social-démocrate important et aux vues lointaines.

La mémoire a besoin de ce genre d'auxiliaires. Le SPD et la Ligue syndicale allemande (DGB) ont usé trop négligemment et trop distraitement de leur proche passé. Il est trop fréquent aujourd'hui que de jeunes sociaux-démocrates répugnent à citer le nom d'Eduard Bernstein bien qu'ils combattent, comme des révisionnistes, les ankyloses de leur propre parti. La puissance de la diffamation agit jusqu'à nos jours.

Eduard Bernstein naquit en 1850, septième enfant d'un mécanicien de locomotive, à Berlin. A vingt-deux ans, il devint membre du Parti ouvrier social-démocrate, alors âgé de trois ans. De profession, Bernstein était employé de banque. Au temps des lois antisocialistes, il dut quitter l'Allemagne. Sept ans durant, il fut rédacteur du périodique *Sozialdemokrat* à Zurich. Ensuite il vécut à Londres et maintint un étroit contact avec Friedrich Engels, dont il fut, à partir de 1895, l'exécuteur testamentaire. Le long séjour de Bernstein en Angleterre a marqué l'attitude de Bernstein envers la démocratie et en particulier le parlementarisme, les rendant actifs au sein de la social-démocratie allemande. Depuis le congrès d'Erfurt, il se mit à critiquer l'orthodoxie marxiste officielle du parti et à la mesurer à l'aune de la politique réformiste partout pratiquée. Son principal ouvrage, *Les Bases du socialisme et*

141

la Tâche de la social-démocratie, est la somme théorique de sa révision. Ayant, au cours de la Première Guerre mondiale, voté contre les crédits de guerre, il suivit un temps l'USPD (Parti socialiste indépendant). Violemment attaqué et calomnié, Eduard Bernstein, jusqu'à sa mort en 1932, a élaboré les bases d'une social-démocratie moderne et adogmatique. Si aujourd'hui, pour la première fois, la politique social-démocrate a les responsabilités du gouvernement en République fédérale, une grande part du mérite de ce succès revient aux travaux préparatoires d'Eduard Bernstein.

Si l'on veut pleinement comprendre Erfurt 1970, la rencontre du social-démocrate Willy Brandt et du communiste Willi Stoph, il faudra se pencher sur Erfurt 1891, donc sur le programme d'Erfurt et ses répercussions. Les événements historiques ne peuvent se comprendre isolément. La scission du mouvement ouvrier allemand et la scission de la nation allemande sont des réalités d'aujourd'hui dont les causes ont été trop longtemps étouffées.

L'histoire nous est d'un piètre réconfort. Elle dispense de dures leçons. La plupart du temps, on la voit absurde. Pourtant, elle poursuit sa marche, mais le progrès n'est pas son affaire. L'histoire ne s'arrête jamais : nous sommes dans l'histoire et non hors de l'histoire.

J'ai parlé de la dernière occurrence historique : Erfurt 1970. Pas de jour meilleur que le 1er Mai pour nous rappeler à tous ce qu'Erfurt signifie *en plus.*

Vorwärts, Bonn, 11 mai 1970.

Mars panallemand

A Gustav Steffen, en souvenir

Boutonnent les crises, détonnent les bourgeons,
à Passau, il veut, monsieur Bonhomme,
enfermer le föhn, et Strauß proteste
de son innocence dès qu'il dégèle ;
Et la Bavière de brasser beaucoup de bière.

La neige se consume, Ulbricht perdure.
Dans sa livrée panallemande fleurit le barbelé
Ici ou en face, on liquidera
l'hiver à force de loi :
le jardinier gardera l'arme au pied.

A Schilda, sans fenêtre aucune, un gratte-ciel
gardera de la lumière ; les doux zéphyrs
ne sont point demandés, le renfermé
doit conserver les dignitaires
et Prince Eugène, le Grand Chasseur.

Dans le camp de la paix, la Prusse célèbre
la fête de Pâques, car ils ont ressuscité
le pas de l'oie et la marche de parade ;
Passés les jours de la Commune
et le Marx s'étiola dans le brouet sauce Leipzig.

143

PROPOS D'UN SANS-PATRIE

Bientôt il réchauffe, le soleil, et le vieux
renard déjà légendaire quitte,
pour la messe électorale, son terrier ;
le Rhin fleure bon le pieux Occident
et Globke, témoin, sourit à la barre.

Point de mort à la frontière aujourd'hui.
Et ils s'ennuient, chez *Bild,* aux archives.
Voyez l'idylle : sur l'Elbe
s'alignent, sur les deux bords, de fiers épouvantails ;
voilà que s'idéologise la volaille.

Oh, Allemagne, Hamlet s'en revint :
« *Il est trop gras, il a le souffle court...* »
et veut, ne veut pas, à petit feu
mijote son image : cassoulet à la Pichelstein,
en Première Division, on joue la tête de Yorick.

Bientôt le printemps, et puis l'été
avec toutes les crises, seront en faillite, –
croyez-en le calendrier, en septembre
débute l'automne, les voix décomptées ;
mon conseil, Es-Pé-Dé, il faut voter.

                                                    Hambourg, 1965.

La multiplicité communiante

Mesdames et Messieurs,

Voici plus d'un mois, avec une *pompe funèbre* [1] bien organisée, en ce pays, on conjurait l'Histoire : l'adieu de Konrad Adenauer à ses partisans et adversaires fournit l'occasion de planter une borne-frontière dont les ahuris supposent qu'elle ne saurait plus jamais être déplacée. Comme l'écrivait *Die Welt* : « Le chancelier est mort. Un mythe est né. »

Nous connaissons ces faire-part de naissance. Le peuple est reconnaissant quand l'histoire lui est présentée comme un *fatum* colossal sur grand écran ou bien dans la perspective mondiale de Springer : depuis la bataille de la forêt de Teutobourg en passant par la pénitence de Canossa jusqu'à la falsification volontaire du 17 juin 1953, nous sommes riches en fatalités ronflantes. Ça se dépose dans des manuels scolaires ; ça se cramponne à des millésimes. Lorsque nous savons seulement de quand à quand a duré la guerre de Trente Ans, ce n'est déjà pas mal. Sur Wallenstein, nous sommes instruits par Friedrich Schiller ;

1. En français dans le texte.

145

et, histoire de faire coller les correspondances, la Télévision allemande, un jour après la mort d'Adenauer, nous offre une mise en ondes de *Wallenstein :* l'histoire à la portée des petits enfants. Les corbeaux de service au-dessus du Kyffhaüser [1]. Le Vieillard dans la forêt de Saxe. On nous adorne de bougies Hindenburg ayant pour fonction de remplacer les arguments de la réunification et de réchauffer l'atmosphère.

A la vue de tout ce théâtre, le citoyen doit regarder l'histoire comme un large fleuve puissamment gonflé, à contre-courant duquel ce sera un plaisir pour moi de nager aujourd'hui. Mon discours s'appelle : « La multiplicité communiante ».

Je tenterai, face à une multitude de réponses bien établies, de poser la question nationale. Non pas que j'aie le dessein de coller des thèses révolutionnaires à telle ou telle honorable porte, je ne dirai que des banalités, même si l'on ne peut empêcher que les banalités ne rendent à l'une ou l'autre oreille un son révolutionnaire.

Il y a six semaines, le brouillon de ce discours portait pour titre de travail : « La taxe sur le lait et la question nationale ».

En compagnie de Siegfried Lenz et de l'historien Eberhard Jäckel, je parcourais le Schleswig-Holstein. Mais la mort d'un homme politique ou plutôt la figuration byzantine de sa mort influença la division des électeurs plus lourdement que ne put le faire le programme économique du SPD.

---

1. Allusion au mythe de Barberousse survivant dans une grotte de Thuringe ; il en ressortira pour la gloire de l'Empire quand les corbeaux auront cessé de tourner au-dessus du Kyffhaüser, c'est-à-dire, en fait, jamais.

Disons, pour exposer les prémisses de ce discours, que déjà à Kiel, à Eutin et ailleurs, j'ai tenté d'élucider dans quelle mesure la trop tristement célèbre taxe et la trop notoirement triste question de la nation étaient liées.

Pendant une décennie, la taxe sur le lait fut notre devise nationale parallèle. Car, de même que l'Église médiévale accordait moyennant finances rémission des péchés, il était réservé aux hommes politiques chrétiens du XXe siècle de donner le jour à la taxe sur le lait, donc à l'indulgence sécularisée. Pourtant la foi en la taxe sur le lait était aussi peu adaptée à liquider nos montagnes de beurre rancissant que notre foi naïve en la réunification était susceptible d'ôter une pierre au mur bien connu.

Deux mots : taxe sur le lait [1] et réunification. Deux symboles de statut et, des années durant, deux tabous. Certes, à présent on supprime lentement la taxe sur le lait ; certes, même nos orateurs du dimanche commencent à soupçonner que le mot de « réunification » ne déclenche plus l'applaudimètre ; mais parce que peu de chose unit les Allemands et que la devise laitière comme la vitamine « réunification » pouvaient fournir à peu près l'ersatz de l'unité nationale absente, nous ne nous séparons que lentement de la taxe laitière, par exemple, et de la foi en la réunification : ce qui n'est pas un exemple.

Puisque le Schleswig-Holstein [2], avec ses résultats électoraux, appartient au passé, je me permets de verser la taxe laitière à un compte bloqué. Nous reporterons tous nos efforts sur la question nationale.

1. En allemand : *Milchpfennig,* en un seul mot.
2. Allusion au succès du NPD aux élections de ce Land.

Les Allemands forment-ils une nation ? Les Allemands doivent-ils former une nation ?

Certes, nous avons à notre disposition des suggestions, courageuses ou timorées, concernant la question allemande et, grâce à Magnus Enzensberger [1], un *Catéchisme de la question allemande ;* certes il y a, de l'utopie de Rüdiger Altmann, *La Fédération allemande, aujourd'hui 1ᵉʳ novembre 1976,* en passant par l'essai tenté par Wolfgang Schütz [2], jusqu'à l'entretien Gauss-Wehner, une foule de suggestions tendant à réviser l'orientation exclusivement occidentale de la République fédérale ; mais la base de ces tentatives, à savoir le dégagement d'une autocompréhension nationale, fait encore défaut. Même le catéchisme abrupt d'Enzensberger renonce à cette base. La nouvelle notion de « Confédération » ne produit, qu'elle soit maniée par Walter Ulbricht ou par Herbert Wehner, que des malentendus. Quel épistolier consulter, quand il s'agit de répondre au ministre-président Stoph [3]. C'est comme partout : nous avons des difficultés avec la terminologie.

Par exemple : qu'entendons-nous par réunification ? Qui doit être réuni à qui et sous quelles conditions politiques ? Est-ce que réunification signifie restauration du Reich allemand dans ses frontières de 1937 ?

Il y a toujours des chevaux de retour qui, étant politiciens,

1. Hans Magnus Enzensberger, poète et écrivain, lecteur de la maison d'édition Suhrkamp, auteur, outre de poèmes dont il existe une édition bilingue en France, d'essais intitulés *La Politique et le Crime* (traduits en français), et d'un autre, *Culture et Mise en condition,* consacré à Büchner, Weidig et au « Messagers hessois ».
2. Wolfgang Schütz, ancien collaborateur de Willy Brandt, puis bourgmestre de Berlin-Ouest.
3. Willi Stoph, chef du gouvernement de la RDA.

soutiennent cette folie. Il nous a fallu, plus d'une décennie et jusqu'à ce jour en fait, constater qu'à tout Allemand dont le suffrage semblait désirable on a promis la réunification dans la paix et la liberté. Bien entendu : dans les frontières de 1937, et cela dans la paix et la liberté.

Aussi absurde que cela paraisse, ces fleurs de faux-monnayage politique furent prises pour argent comptant par l'électeur. Sans interruption est resté au gouvernement un parti qui à ce jour n'est pas en situation de dire nettement et sans détour qui doit être réuni avec qui, et sous quelles conditions politiques, et comment on tiendra compte des causes ayant abouti au démantèlement du Reich, à la réduction du territoire du Reich et au partage du reste du pays. En guise de succédané, on nous a offert un anticommunisme vulgaire dont la valeur percutante a ravalé la pauvreté linguistique de Konrad Adenauer au niveau de la francophonie du XIXe siècle : « Tout est la faute des Russes. » Pour le reste, la formule incantatoire « réunification » jouait les bouche-trous.

Pourtant ce mot pourrait être entendu de manière toute différente : au temps du Saint Empire romain germanique, les Allemands pouvaient invoquer une unité du Reich, bien qu'elle fût mystique et politiquement non concevable ; mais depuis le début de la querelle confessionnelle au XVIe siècle, et au plus tard depuis la conclusion de la paix de Westphalie, l'Empire romain germanique était, confessionnellement et donc politiquement, coupé en deux. Certes, le protestantisme était au début l'affaire de tous les Allemands, mais jamais le protestantisme ne put devenir l'affaire d'un empereur qui était en même temps roi d'Espagne. La Contre-Réforme l'emporta au Sud et à l'Ouest de

149

l'Empire ; le Nord et l'Est, à l'exception d'îlots régionaux, restèrent protestants. Aujourd'hui encore la ligne du Main a ses effets politiques : les oppositions trois fois séculaires entre la Bavière et le Schleswig-Holstein ont de plus profondes racines que l'opposition idéologique encore fraîche entre le Mecklembourg et la Basse-Saxe [1]. Pourtant nous ne devrions pas oublier que le partage tel que nous le trouvons aujourd'hui a été préparé longtemps avant 1945. Dans la perspective de la Rhénanie, il y a toujours eu une Ostelbie [2]. A l'est de l'Elbe, disait-on et dit-on encore, c'était et c'est encore la Prusse, le protestantisme, donc le paganisme, bref le communisme. La guerre par nous provoquée et la guerre froide qui lui a succédé, guerre que les deux Allemagnes s'entendirent à mener très au-dessous du point de congélation, ont transformé l'imaginaire frontière ostelbienne en une frontière politique fortifiée. L'impression ne pouvait être que grotesque quand Konrad Adenauer, Westphalien décidé, forgeron de la République fédérale séparée, parlait quand même de « réunification dans la paix et la liberté » comme du but final de ses efforts. Sa mort a rendu la banqueroute patente : la réunification est un concept vidé de son contenu et que nous devons éliminer si nous voulons nous rendre plausibles.

Et que mettre à la place ?

De nouveaux pièges à électeurs et de nouveaux succédanés ?

Est-ce la maison Springer qui derechef, partant d'une

1. Le Mecklembourg se trouvait en RDA, la Basse-Saxe en RFA.
2. L'Ostelbie est la région ci-devant « coloniale » à l'est de l'Elbe, conquise depuis le XIIᵉ siècle par les margraves de Mecklembourg, de Brandebourg et de Misnie.

quadrative critique, Mars et Uranus, d'un double-sextile bénéfique Jupiter-Soleil, Vénus-Mercure, va nous servir ses doctrines de salut panallemandes ?

Nous connaissons ce catalogue de grand magasin avec ses rossignols chaque année reproduits dans une exécution améliorée. On nous fait miroiter l'espérance, sinon pour demain, du moins pour après-demain, d'un effondrement du système communiste. Même la Chine doit fournir sa garantie à la réunification. Et toutes les paires d'années notre constipation panallemande est traitée par le clystère Europe.

Car dès que nous nous égarons dans nos culs-de-sac nationaux, les solutions européennes offrent leur refuge utopique. Notre pallium occidental porte d'une part l'étiquette chrétienne et d'autre part il doit aller jusqu'à l'Oural. Sa coupe est surannée. Il a déjà été souvent porté. Il a déjà pallié bien des choses : au temps de la Sainte-Alliance, une réaction à poigne et un régime policier aux mailles étroites ont fleuri à l'ombre d'une vision européenne bafouée. Peu d'années après le congrès de Vienne, et après qu'un étudiant à l'esprit égaré eut occis un industrieux auteur de comédies [1], la réaction, sous la conduite de Metternich, eut tôt fait de prendre des résolutions à Karlsbad ; la crainte de la révolution et l'incapacité d'amorcer par des réformes l'évolution nécessaire mar-

1. Allusion à l'assassinat, en 1819, de Kotzebue, auteur de comédies, par l'étudiant Karl Sand qui le soupçonnait d'être un espion russe. A la suite de ce crime, Metternich convoqua une conférence des États allemands à Karlsbad où furent adoptées les fameuses résolutions contre la liberté de l'enseignement dans les universités, la liberté de la presse, les organisations d'étudiants libéraux. Les « résolutions de Karlsbad » restèrent en vigueur jusqu'en 1848.

quèrent une époque que nous apprécions pour ses beaux meubles et appelons Restauration.

Il vaudrait la peine d'examiner jusqu'à quel point *aujourd'hui* nous sommes enfoncés dans la Restauration. Il y a peu de semaines, Walter Ulbricht a donné encore une fois *sa* référence à la réaction. Le coup fut porté, par hasard, à Karlsbad. Le prince Metternich, comme par hasard, donnait la bénédiction. Mais *nos* résolutions de Karlsbad, la justice pénale politique et l'interdiction du KPD sont par hasard en relation restaurationnelle avec les Floralies fédérales et la beauté achevée des derniers modèles Mercedes. « Conserver ce qui existe », voulait Metternich ; notre credo pose impérativement : « Pas d'aventure ! » Et, en RDA, le pas de l'oie ressuscité des défilés de la Volksarmee devint la preuve flagrante de la Restauration progressiste.

« L'Allemagne est le pays des révolutions à demi faites et jamais achevées, des contre-révolutions réussies et des évolutions négligées », disait Hans Werner Richter [1]. Triste bilan auquel une formule de l'ancien ministre de l'Économie Karl Schmücker [2] peut grâce à nous donner son contrepoids en style Restauration : « Nous sommes la deuxième nation commerçante du monde. Il ne peut rien nous arriver. »

Deux positions inconciliables qui démontrent une fois encore le partage – j'irais plus loin – le schisme, où il demeure réservé à un homme politique chrétien de plaider la cause du matérialisme le plus sordide, tandis que l'écrivain de gauche fixe l'espérance d'hier en une définition de défaite. Comparer la Confédération germanique de 1815 à

---

1. Hans Werner Richter, écrivain, fondateur du Groupe 47, auquel appartient Günter Grass.
2. Dans le gouvernement Erhard.

1866 à l'ère Ulbricht-Adenauer à son crépuscule, c'est donner à Hans Werner Richter épouvantablement raison. Pourtant, malgré tout, jadis, le Souabe Friedrich List [1], malgré la persécution, la diffamation et l'émigration temporaire, parvint à fonder le Zollverein allemand [2]. Un homme des Lumières disposa, entre les brouillards flottants du teutonisme de la vieille Burschenschaft [3] et les plans présomptueux de réforme universelle de Wilhelm Weitling [4], les jalons du progrès évolutionnaire. Le suicide de Friedrich List, qui précéda la révolution de 1848, ne fit qu'anticiper la fin de celle-ci. Ce politique et économiste important qui, dans son libéralisme, s'entendait à correspondre avec le jeune Marx, ce praticien prophétique de la raison nous manque aujourd'hui ; sauf si Willy Brandt et Karl Schiller se voient en mesure par leur union personnelle, politico-économique, de remplacer le Friedrich List absent et de mettre fin à la compréhension insuffisante que nous avons de nous-mêmes.

Sans cette compréhension de nous-mêmes, le plus raisonnable des plans Allemagne ne se laissera pas réaliser ; sans cette autocompréhension, nous sommes toujours à la merci du premier venu des batteurs d'estrade nationalistes. Sans cette autocompréhension, nous n'arrêterons jamais de

1. Friedrich List, économiste, père spirituel du Zollverein, se suicida en 1846.
2. Union douanière allemande, prélude à l'unité, suggérée par List dès 1819 et réalisée en 1833 sur l'initiative de la Prusse.
3. La Burschenschaft était, entre les guerres napoléoniennes et les révolutions avortées de 1848, une organisation d'étudiants à la fois nationalistes et libéraux.
4. Wilhelm Weitling, communiste utopique, dirigeant de la Ligue des justes, s'opposa à Marx.

tanguer entre les extrêmes et d'alimenter les préoccupations de nos voisins.

C'est pourquoi ici, en toute tranquillité d'esprit, doivent être formulées les possibilités et impossibilités nationales des Allemands ; car entre le penchant irrémissible au séparatisme des petits États et l'inclination à l'hystérie nationaliste, un vide s'est institué. Il est temps de s'exprimer clairement.

Et tout d'abord : quiconque parle aujourd'hui de l'Allemagne doit savoir que deux Allemagnes différentes, d'abord l'impériale, puis la national-socialiste, ont en ce siècle déclenché et perdu chacune une guerre mondiale (c'est sciemment que je renonce à discuter avec des partenaires qui pensent pouvoir, en remettant sur le tapis le thème de la responsabilité de la guerre repris au Café du commerce, réchauffer un sentiment national trop facile à confondre avec la conscience nationale).

De plus : notre incapacité à tirer les enseignements d'une guerre perdue, oui, de seulement concevoir que nous avions perdu une guerre et la suivante pour telles et telles raisons, marquait et marque l'impuissance de toute politique de l'après-guerre, qui s'égara et s'égare encore dans l'irrationnel ; la somme de cette ignorance tient en une phrase qui est devenue de l'allemand de tous les jours : Nous ne voulons pas reconnaître.

Parfois la valeur de cette reconnaissance s'est réduite à l'insignifiance de formalités échues. Nous avons perdu la vue d'ensemble. Nous ratiocinons sur les symptômes d'une politique faussée dès le départ. Pourtant Gustav Heinemann, de très bonne heure, longtemps avant la conclusion des accords de Paris, nous a mis en garde ; pourtant la

154

grande question posée par le SPD le 15 décembre 1954 aurait dû être un dernier avertissement. Il s'agissait du réarmement. Les sociaux-démocrates plaidaient pour la priorité des négociations en vue de la réunification de l'Allemagne. Que répondit alors aux sociaux-démocrates Kurt Georg Kiesinger ? Je cite le compte rendu de la Diète fédérale : « Or *vous* nous dites : Si nous avons ratifié, tout est fini, et la dernière chance perdue de négocier utilement avec les Russes sur la réunification. Monsieur Ollenhauer [1], croyez-vous réellement *cela* ? Je ne peux pas croire que *vous* le croyiez ! (Hilarité et applaudissements chez les partis du gouvernement). »

Douze ans après, nous fûmes assez oublieux pour confier à cet homme le soin de jardiner une nouvelle politique dans la question allemande. Que faut-il faire dans ce pays pour que des conclusions politiques soient tirées de données politiques ?

Manquions-nous, manquons-nous de conseils judicieux ?

Tout a été répété et pourtant dit en vain ; par exemple par Golo Mann [2] dans son *Histoire allemande des XIXe et XXe siècles.*

Au dernier chapitre de ce livre, qui porte le titre éloquent « *Les Allemagnes* », donc emploie exprès le pluriel et suppose plusieurs Allemagnes, je me permets d'emprunter un assez long alinéa qui met les deux Allemagnes en relation réciproque :

« Les officiels de la RDA la considèrent comme un État neuf. Ils tentent certes de se rattacher à certains épisodes

1. Erich Ollenhauer, président du SPD de 1952 à sa mort en 1963.
2. Golo Mann, fils de Thomas Mann, historien, professeur à l'université technique de Stuttgart.

de l'histoire allemande et prussienne. Mais ils considèrent le Reich allemand comme dissous, et ne sauraient faire autrement, sinon leur État n'aurait pas de base juridique. C'est pourquoi ils ne demandent pas mieux que de reconnaître la République fédérale ; ils plaident la théorie des " deux États allemands ". La République fédérale fait autrement. Elle n'est pas disposée à reconnaître la RDA ; elle se considère comme la régente du Reich allemand qui existe encore en droit et doit être restauré en fait.

« Depuis 1949, les réalités ne se sont pas rapprochées de ce point de vue théorique, elles s'en sont écartées toujours davantage ; la République fédérale a acquis une identité qui n'est pas celle du Reich. Sa politique étrangère a été rhénane et sud-allemande, non panallemande. Une politique étrangère panallemande aurait dû être aussi une politique de l'Est, et la République fédérale n'a pas eu de politique de l'Est. »

Quant à nous autres, il nous faut bien, en 1967, constater : la politique de force a eu pour effet la consolidation de la zone soviétique en État de RDA. L'exigence de représentativité exclusive et la fiction selon laquelle la République fédérale serait le légitime successeur du « Reich » dans les frontières de 1937 ne font que démontrer avec quel acharnement on a dissimulé les résultats de cette politique, panallemande en paroles, séparatiste en fait.

Pourtant la situation initiale de l'Allemagne partagée n'était pas défavorable. Après la suppression du plan Morgenthau [1], après le reflux du stalinisme, les deux parties de

1. Du nom de l'économiste Morgenthau, secrétaire américain au Trésor de 1934 à 1945. Dans son livre *Germany is our problem,* il suggérait une reconversion de l'industrie lourde allemande favorisant la production de biens de consommation et l'agriculture.

l'Allemagne se virent offrir plusieurs fois la possibilité de supporter côte à côte et ensemble les conséquences de la guerre perdue et de regagner la confiance des peuples voisins, ennemis d'hier. Le crédit investi par les puissances victorieuses a été dilapidé par l'une et l'autre Allemagne : l'une d'elles ressuscita le stalinisme et s'isola au milieu de son système d'alliances, tandis que la République fédérale, bien que bénéficiant au départ de conditions plus favorables, ne voulait pas comprendre où était sa chance ; toutes les dates mémorables de l'ère Adenauer – depuis le réarmement jusqu'à la doctrine Hallstein [1] – étaient en contradiction avec le préambule de la Loi fondamentale. Elles contribuèrent à consolider l'un comme l'autre intérim politique. L'accoutumance à cette situation, d'une part, et certaines réactions hystériques, d'autre part, attestent le fait qui était à démontrer, à savoir que les Allemands ne sont pas en mesure de fonder une nation.

Car la structure des deux États allemands est fédéraliste à la base. Dans les deux États cette structure fédérale est confirmée par la loi. L'article Ier de la Constitution de la RDA dit toujours : « L'Allemagne est une république démocratique indivisible ; elle procède des Länder... » Pourtant c'est seulement dans la République fédérale que le fédéralisme a pu porter ses fruits et fait ses preuves. L'autre État, je veux dire la RDA, se donne des airs d'unitarisme prussien et tente de donner le change sur les différences qui existent

1. Doctrine du Dr Hallstein, secrétaire d'État à la chancellerie et au ministère fédéral des Affaires étrangères jusqu'en 1951. Selon cette doctrine, bien battue en brèche aujourd'hui, la République fédérale ne saurait entretenir de relations diplomatiques avec aucun État reconnaissant la RDA.

réellement, par exemple entre le Mecklembourg et la Saxe. Pourtant le fédéralisme, c'est-à-dire la juxtaposition, la cohabitation et, au sens civique, la coopération légale de chacun des pays est la seule base défendable des deux États allemands. Ces deux États allemands n'ont jusqu'à présent vécu que pour se combattre. Ainsi la tradition du dualisme fut poussée avec conséquence jusqu'à la scission.

Rarement, et toujours sous la contrainte, l'Allemagne a été un bloc constituant une unité nationale à laquelle manquait le contrôle des Länder, le fédéralisme. D'autre part, l'histoire d'Allemagne enseigne que la structure de notre pays nous a toujours poussés et nous pousse encore aujourd'hui vers le séparatisme. Mille sept cent quatre-vingt-neuf souverainetés territoriales, au temps où la France mettait au monde l'État national, pratiquaient leur petit commerce absolutiste ; et même l'œuvre de Napoléon, la simplification de la carte d'Allemagne, est retournée, après le congrès de Vienne, à trente-six séparatismes au sein de la Confédération germanique. Il fallut le remède de cheval du nationalisme prussien pour aboutir aux résultats que l'on connaît, pareillement extrêmes. Nous n'avons pas su trouver la juste mesure. Entre le nationalisme et le séparatisme, il y a pourtant notre unique possibilité, rarement exploitée : la confédération ou association économiquement étroite, politiquement et culturellement souple des Länder. Ce pourrait être pour nous la Patrie, mais déjà et encore les notions se brouillent.

Il serait temps de définir le mot ancien, souvent détourné, et pourtant juste, de *Vaterland,* d'autant que le *Vaterland* se superpose aisément aux Länder confédérés. Mais le galvaudage nationaliste de cette notion, depuis « les senti-

ments patriotiques » jusqu'à « l'Europe des patries », nous
cause des difficultés de langage ; de même d'ailleurs que
toute terminologie confuse atteste une impuissance bavarde
à s'exprimer dès qu'est posée la question de nation. Ici
s'entremêlent la conscience nationale et le sentiment national. Un hymne national s'oppose à un autre hymne national.
Le nôtre s'annule pour l'oreille quand nous chantons simultanément les strophes un et trois du *Deutschlandlied* [1] :
une musique de chats qui conviendrait à l'ouverture d'une
farce nationale. Bien entendu la République fédérale s'offre
le luxe d'une équipe nationale de football, tandis que de
l'autre côté, selon l'humeur du speaker de télévision, c'est
l'équipe d'Allemagne centrale ou celle de la zone soviétique qui gagne, perd ou obtient un match nul. Certes,
aucun des rhéteurs nationaux n'est capable de nous définir
le concept de « nation », mais un Rainer Barzel du moins
devrait être en mesure de nous révéler à l'occasion ce
qu'il entend par « indignité nationale ». Pour n'avoir pas
à citer nommément les envolées de Bruno Heck [2] – car
notre ministre de la Famille et de la Jeunesse surclasse
brillamment les extravagances du NPD –, je me permets
d'emprunter à l'essai tenté par Eugen Gerstenmaier pour
déterminer la norme nationale, ce passage bref mais éloquent : « Un peuple dans notre situation, avec notre histoire et nos dispositions naturelles, a besoin tout simplement de l'esprit de dévouement, de sacrifice, de respect
et d'obéissance. »

Ces accords ne sont pas neufs sous nos latitudes. Quand
nous considérons par quelle démarche fantasmagorique la

1. Il s'agit du *Deutschland über alles.*
2. Bruno Heck est membre de la CDU.

159

notion de Reich a pu se conserver depuis le Moyen Age jusqu'à notre siècle ; quand, pour citer un exemple, nous comparons la vision contradictoire qu'avaient du Reich les princes souverains – citons Maurice de Saxe et Maximilien Ier de Bavière [1] –, leur séparatisme réaliste avec l'utopie du Reich du général charlatan Wallenstein ; et quand nous observons que Maurice de Saxe et de son côté Wallenstein ont toujours trouvé des successeurs plus ou moins doués, alors il nous apparaît nettement à quel point il manque aux Allemands la compréhension de soi-même, avec quel aveuglement ils tentent de remédier à ce manque par une autocompréhension complexe, combien ils doivent être faciles à séduire, quelle chance eurent et saisirent d'un côté Konrad Adenauer, de l'autre Walter Ulbricht, en réalisant en plus large la conception de Maximilien de Bavière et celle de Maurice de Saxe tout en embouchant les trompettes de Wallenstein.

Depuis que ce séparatisme néo-allemand, sous l'aspect de deux États, fait son histoire séparée, une génération a grandi qui se comprend comme citoyenne de la République fédérale d'une part, de la République démocratique allemande d'autre part. Ces générations s'ignorent presque complètement. Sciemment, deux systèmes d'éducation opposés ont formé et déformé ces générations en les éloignant l'une de l'autre. L'aliénation des deux États de langue allemande s'est, au cours des années, durcie et idéologi-

---

1. Le duc Maurice de Saxe trahit en 1547 la cause protestante dans la guerre de Schmalkalde ; Charles Quint l'en récompensa en le nommant prince-électeur. Maximilien Ier de Bavière, prince-électeur (1573-1651), chef de la Ligue catholique au cours de la guerre de Trente Ans, adversaire de Wallenstein.

quement appuyée au point qu'en République fédérale on ne se faisait pas scrupule à répondre « Non » à la question que l'on se posait à soi-même : « Walter Ulbricht est-il allemand ? » C'est non sans raison qu'à l'étranger, tant à l'Ouest qu'à l'Est, on conclut : pourquoi n'en resterait-on pas à la formule des deux États, puisque les Allemands ont mis tant d'application méthodique à créer deux États ?

Dans ce contexte, je vous renvoie à l'article publié en août 1962 dans *Der Monat,* et toujours actuel, d'Arnulf Baring : « Points d'interrogation patriotiques ». Cet article conclut sur un ton de provocation voulue et sous la seule apparence du paradoxe : « Tout rapprochement en Allemagne suppose la reconnaissance de la scission ! »

Disons pour compléter : c'est seulement à partir des données réelles, c'est-à-dire de la guerre perdue que nous devons payer, à partir des conséquences de la guerre perdue et en se fondant sur la structure fédéraliste des deux États allemands, qu'il est possible de concevoir une Allemagne confédérée et, moyennant patience et clairvoyance politique, de la réaliser, en quoi l'essentiel de cette clairvoyance doit être de reconnaître enfin la frontière Oder-Neisse. Cependant cette reconnaissance devrait être liée à la revendication légitime d'une confédération des deux États allemands et déclarée comme la démarche préalable à un traité de paix.

Pour pouvoir atteindre ce but, ce qui manque d'emblée, ce sont les conditions préalables dans les deux États allemands. Car ni la conception étatique prusso-stalinienne de la RDA ni le demi-aveu d'être une Ligue rhénane chuchoté en République fédérale n'offrent un appui suffisant à la confédération des deux États allemands. Déjà se dessine un cauchemar qui, comme beaucoup de cauchemars alle-

161

mands, recèle en lui des chances de se réaliser : il n'y a que peu d'obstacles à ce que, pendant les années soixante-dix, la puissante aile prusso-stalinienne de la RDA s'entende avec l'aile conservatrice nationale toujours plus forte de la République fédérale aux dépens du fédéralisme libéral, de la démocratie sociale. Droite national-allemande plus droite stalinienne pourraient produire un avorton de nation dont l'effrayante venue au monde ne peut être empêchée que par l'autocompréhension grandissante des Allemands.

Nous devrions apprendre à concevoir que l'idée de nation n'a pas de valeur en soi.

Nous devrions reconnaître que la nation française repose sur des bases historiques qui nous font défaut. Nous devrions, d'autre part, apprendre de l'exemple suisse que la confédération n'abolit pas la conscience nationale.

Nous devrions, en dépit de toute ankylose idéologique, ici comme en face, et sans loucher comme d'habitude vers des modèles dont le centralisme devrait avoir pour nous la valeur exemplaire d'un avertissement, pratiquer une politique excluant la rechute dans l'État national, évitant le concept vidé de sens de « réunification » et se proposant pour objectif la confédération de deux ligues de Länder allemands.

Le 6 mai 1947 commençait à Munich, sous la présidence d'Erhard, alors ministre-président bavarois, la première et dernière conférence d'après-guerre de tous les ministres-présidents allemands. Le même jour, l'ordre du jour entraînait la rupture : les cinq patrons des Länder de la zone soviétique repartirent. Si, vingt ans après, une politique de rapprochement veut repartir sur des bases nouvelles, elle devra se souvenir de la conférence ratée de 1947 et des causes de son échec. Au même moment, les députés à la

Chambre populaire et à la Diète fédérale devraient avoir conscience que, d'une part, la constitution projetée et définitive de la RDA [1], d'autre part, nos lois sur l'état d'urgence seront de nouvelles marques de séparatisme.

Voici ma thèse : attendu que, du fait de nos dispositions naturelles, nous ne pouvons former une nation, attendu qu'instruits par l'histoire − et conscients de notre polymorphie culturelle − nous ne devrions pas former une nation, nous devons enfin voir dans le fédéralisme notre seule chance. Ce n'est pas comme nation concentrée, pas comme deux nations opposées, c'est seulement comme deux ligues en compétition pacifique que nous pouvons offrir une sécurité à nos voisins de l'Est et de l'Ouest. Car, même pour la Pologne et la Tchécoslovaquie, une République démocratique allemande fédéraliste serait un voisin moins inquiétant que la RDA centralisée sous l'aspect d'un État héritier de la Prusse.

Pour parler de manière concrète, tout en reconnaissant simultanément le second État et en renonçant à la prétention de représentation exclusive, il faudrait amener la République démocratique allemande à réaliser constitutionnellement la souveraineté des Länder au sein de son territoire, afin que soient établies les prémices d'une collaboration fédérative des dix Länder de République fédérale, y compris Berlin, et des cinq pays de la RDA, au sens d'une confédération des deux États. Dans cette confédération, il faudra que collaborent des Länder à gouvernements démocrate-chrétien, social-démocrate et communiste. Ce qui en Italie et en France passe pour banal, ce concert souvent peu harmonieux de partis rivaux, devrait devenir banal chez nous

1. La nouvelle Constitution de la RDA reconnaissait l'existence de deux États allemands.

163

aussi. Des adversaires politiques qui, jusqu'à ce jour, s'excluaient sans conditions, devront demain s'accommoder de la discussion. L'organe central de cette confédération, qui siégerait alternativement à Leipzig et à Francfort-sur-le-Main, ne manquerait pas de besogne : il faut désarmer symétriquement deux armées permanentes ; il faut financer à l'aide des crédits devenus disponibles des projets communs de recherche et d'aide au développement ; il faut dans les deux États confédérés supprimer la répression judiciaire pour motifs politiques ; il faut entamer des négociations en vue du traité de paix ; il faut risquer d'urgence, car le temps ne travaille pas pour nous. Rien ne s'oppose à ce que nos voisins occidentaux aussi bien qu'orientaux se convainquent du sens et de l'utilité de cette confédération de deux États allemands fédéralistes, d'autant que ce rapprochement ne doit pas signifier une réunification, mais entend garantir la sécurité, et qu'il pourrait favoriser de façon exemplaire la détente entre l'Est et l'Ouest et préparer une solution future au problème européen, laquelle sera certainement une solution fédéraliste.

L'union, européenne comme allemande, ne suppose pas l'unité. L'Allemagne n'a été que par force, donc pour son malheur, une unité. Car l'unité est une idée qui s'oppose à l'homme ; elle rogne la liberté. L'union exige la libre décision du grand nombre. L'Allemagne devrait enfin devenir l'association, le voisinage et l'aide réciproque des Bavarois et des Saxons, des Souabes et des Thuringiens, des Westphaliens et des Mecklembourgeois. L'Allemagne monolithique est un calcul qui ne devrait jamais être refait ; car si l'on calcule juste, l'Allemagne est une multiplicité communiante.

J'ai été assez présomptueux pour parler devant des journalistes allemands à qui, depuis des années, sont familières les possibilités du problème politique que pose l'Allemagne. Il se peut que pendant la discussion qui maintenant commence une masse de faits en vrac soit déversée, en quoi l'un ou l'autre invoquera ses faits favoris ; car nous nous sommes accoutumés à nous bercer d'une sorte de confiance dans les faits qui, faute d'une autocompréhension générale, satisfait les prises de position individuelles. Tout habitué que je suis à l'incompréhension, voire à la fausse interprétation voulue, cette compagne parfois familière, je voudrais encore vous prier, si souvent que vous puissiez en matière de faits avoir raison comme journalistes, d'examiner votre position personnelle, désormais, dans un contexte plus vaste, compte tenu de l'autocompréhension défectueuse qui est le propre des Allemands.

Peu importe qui fut l'auteur, Goethe ou Schiller ; à l'intention de Mannheim et d'Iéna, de Weimar comme de Francfort, voici en manière de conclusion une citation des *Xénies* [1].

« Caractère national allemand. C'est en vain, Allemands, que vous espérez faire de vous une nation ; commencez, vous le pouvez, par faire de vous des hommes plus libres. »

Prononcé au Club de la presse, Bonn, *Süddeutsche Zeitung.* Munich, 29 mai 1967.

1. Les *Xénies* sont un recueil d'épigrammes que Schiller et Goethe composèrent en commun contre les écrivains contemporains. Hölderlin, quant à lui, trouvait les Allemands « riches d'idées et pauvres d'actes ».

Qu'est la patrie
de l'Allemand ?

Ainsi s'appelle mon discours, et par cette question commence un poème dont je ne voudrais pas vous priver.

– Qu'est la patrie de l'Allemand ?
Est-ce la Prusse, est-ce la Souabe ?
Est-ce où sur le Rhin fleurit la vigne ?
Est-ce où la mouette passe le long du Belt
Oh non !
Sa patrie doit être plus grande.

– Qu'est la patrie de l'Allemand ?
Est-ce la Bavière, la Styrie ?
Est-ce où s'étalent les bœufs du Marse ?
Est-ce où le Brandebourgeois brandit le fer ?
Oh non !
Sa patrie doit être plus grande.

– Qu'est la patrie de l'Allemand ?
Est-ce la Poméranie, la Westphalie ?
Est-ce où le vent décoiffe les dunes ?
Est-ce où gronde le Danube ?
Oh non !
Sa patrie doit être plus grande.

167

– Qu'est la patrie de l'Allemand ?
Dis-moi quel est ce grand pays !
Est-ce la Suisse, le Tyrol ?
Pays et gens m'ont bien plu.
Mais non !
Sa patrie doit être plus grande.

– Qu'est la patrie de l'Allemand ?
Dis-moi quel est ce grand pays !
C'est sûrement l'Autriche
Riche en honneurs, riche en victoires ?
Oh non !
Sa patrie doit être plus grande.

– Qu'est la patrie de l'Allemand ?
Dis-moi quel est ce grand pays !
Partout où l'allemand se parle
Et chante des hymnes à Dieu.
Voilà ce qu'il doit être !
Voilà, brave Allemand, ce qui t'appartient.

– C'est la patrie de l'Allemand
Là où la poignée de main confirme les serments
Où l'œil rayonne la franchise
Où l'amour est au chaud dans le cœur !
Voilà ce qu'il doit être !
Voilà, brave Allemand, ce qui t'appartient !

– C'est la patrie de l'Allemand
Là où la fureur anéantit le clinquant welsche
Où tout Français s'appelle ennemi
Où tout Allemand s'appelle ami
Voilà ce qu'il doit être !
Ce doit être toute l'Allemagne !

– Cela doit être toute l'Allemagne
Ô Dieu du ciel, porte là ton regard

Et donne-nous le droit courage allemand
De l'aimer loyalement et fort.
Voilà ce qu'il doit être !
Ce doit être toute l'Allemagne !

En dépit de quelques consonances, cet hymne ne fut pas
concocté au ministère des Questions panallemandes ; l'auteur de ce poème s'appelle Ernst Moritz Arndt. Son monument est à Bonn. Et j'ai encore dû apprendre par cœur à
l'école ce morceau d'anthologie. Aujourd'hui j'ose espérer
que les mémoires, celles par exemple des nouveaux électeurs, n'ont pas été surchargées d'une pareille abondance
de strophes. En tout cas, les lecteurs contemporains et
toujours acharnés de Karl May trouveront au dernier chapitre du *Mathusalem Violacé* rassemblée une tablée joyeu-
sement imbibée d'hommes qui affirme en polyphonie tout
ce qui est la patrie de l'Allemand. Pourtant, nous appuyant
sur ce chant et sur ladite chorale de Karl May, nous
pouvons nous imaginer quel rata bourratif et nourrissant
l'hybris nationale a été ce poème, du temps des Guillaumes
à celui de l'Adolf, pour les joyeux orphéons, les symposiums
de bacheliers et autres grands jours. Mais on ferait du tort
à Ernst Moritz Arndt si l'on entendait porter à son compte
l'abus tardif d'un enthousiasme où rentrent les guerres de
libération. Je sais gré au collègue qui a prêté son nom à
tant de lycéens allemands d'avoir posé cette intéressante
question : qu'est la patrie de l'Allemand ?

Arndt dénombre avec application les provinces et se
règle plutôt sur la contrainte des rimes que sur l'exact
tracé des frontières – « Sa patrie doit être plus grande ? »
Si aujourd'hui le problème était posé d'établir lyriquement

l'état géographique des lieux, comment les porte-lyres de notre temps s'y prendraient-ils pour battre le fer rouge et tourner autour du pot ? Il se peut que Peter Rühmkorf chante face à l'Est, que l'ami Bobrowski élève la voix dans Berlin-Est. Étant berlinois, il me faudrait, comme Korber et Wendt il y a quelques mois, tirer des bordées pour n'être pas insulté à titre de barde de la théorie des Trois États d'une part, ou bien d'impérialiste à la solde des ultras de Bonn d'autre part. Pas question d'imaginer l'embarrassante question d'Arndt si l'Autrichienne Ingeborg Bachmann y prêtait l'oreille. Quelle est donc la patrie de l'Allemand ?

Si maintenant quelqu'un allait croire que je suis décidé, après un exorde de ce genre, à proposer aussi sec des plans de réunification, ou bien que je sais comment tenir la promesse électorale qu'Adenauer fit aux réfugiés : « Vous rentrerez tous dans votre ancienne patrie ! » ce quelqu'un sera déçu. Le gouvernement fédéral a réussi depuis 1955 au plus tard, quand fut signé le traité sur l'Allemagne, et jusqu'à nos temps de construction du Mur, pour le plus grand bien à court terme de la République fédérale, pour le durable dommage des compatriotes de la RDA, à bétonner la situation ; et pour ce qui est des provinces qui, plus ou moins allusivement, paraissaient dans le lied d'Ernst Moritz Arndt – Silésie, Poméranie postérieure, Prusse orientale –, je peux, donc quiconque vient de là-bas ne peut que grincer des dents et battre sa coulpe en énonçant : Nous avons sacrifié, perdu des provinces, perdu un monde par provocation. Le lied d'Ernst Moritz Arndt « Qu'est la patrie de l'Allemand ? » a été raccourci. Pas tant qu'on aurait pu le craindre. Peut-être se trouvera-t-il dans le prochain gouvernement fédéral des politiques réalistes qui, sur la base d'un traité de paix, sauront négocier, car à Yalta et à Potsdam l'attribution de Stettin et de la pointe de la Lusace ne faisait pas l'unanimité des puissances victorieuses.

M. Seebohm corne occasionnellement le dimanche ses prétentions sur le pays sudète aux oreilles du monde horrifié. Mes compatriotes de Danzig entretiennent même un Sénat fantôme à Lübeck, lequel depuis toujours promet aux vieilles gens chassés de la ville et du delta qu'un jour on l'aura encore, la Ville libre de Danzig. Des mensonges et le cynisme face à de vieilles gens qui ne purent s'adapter à l'Ouest, qui ont conservé leur langue large et comme lentement établie en tartine de beurre sur du pain, des paroles verbales, depuis des années, tiennent lieu de politique étrangère constructive. Encore un coup : si nous tenons réellement à Stettin et à la Lusace, il faudrait avoir le cran de rayer Königsberg et Breslau, Kolberg et Schneidemühl de notre chanson « Qu'est la patrie de l'Allemand ? » en tant que notions géographiques ; mais il n'est pas nécessaire pour autant de dissoudre les associations de réfugiés et d'oublier ces provinces qui furent un temps la patrie de l'Allemand. D'accord, finissons-en avec les rencontres de réfugiés coûteuses et engraisseuses de permanents ; mais à leur place j'exige l'étude sérieuse des dialectes mourants et – je ne crains pas le sourire des malins – la fondation de villes bien planifiées, parfaitement viables et non pas muséales qui s'appelleraient Neuf-Königsberg, Neuf-Allenstein, Neuf-Breslau, Neuf-Görlitz, Neuf-Kolberg et Neuf-Danzig.

Soyons des fondateurs de villes ! Nous avons de la place dans l'Eifel, le Hunsrück, le pays d'Ems et la forêt de Bavière. Il ne manque pas de districts sous-développés qui

171

puissent être mis en valeur de cette façon réaliste. Je suis volontiers prêt à mettre du mien à la fondation de Neuf-Danzig ; pas besoin qu'il soit sur la Baltique : qui parle ici d'utopie ? Pas question. Ici l'on répond en réaliste à la question : « Quelle est la patrie de l'Allemand ? » Il faut de la raison et une portion d'esprit pionnier tel que le démontrèrent les émigrants allemands en Amérique quand ils fondèrent Hamburg, Frankfurt et Berlin dans le Middle West pour récupérer sinon d'anciennes provinces, mais l'essence de ce qui fut la patrie de l'Allemand jadis.

Après la guerre, les souffleurs de verre et fabricants de verroterie de Gablonz, petite ville du pays sudète, ont donné un exemple de cet esprit pionnier quand ils fondèrent en Allemagne du Sud la ville de Neu-Gablonz. Notre pays est assez riche pour oser des refondations. Je vois naître des villes modernes, hardiment tracées, qui, sans compter que nous manquons d'universités et de grandes écoles, peuvent être scientifiques. Des architectes peuvent assumer des risques qui nous tirent de nos impasses urbanistiques. Des industries traditionnelles, comme jadis à Breslau, Danzig, Königsberg, j'en vois qui prennent pied. Et peut-être aussi les dialectes mourants, le silésien de Gerhart Hauptmann et mon cher bas-allemand de Danzig, bizarrement entremêlé de patois frison et bavarois, connaître une renaissance.

Maintenant mille sociologues vont branler le chef. Des cris de « Trop tard ! Il aurait fallu il y a dix ans. Il radote ! » sont à attendre. Le slogan « politique du renoncement » sort de la caisse aux mites. Des chevaliers de l'Est blanchis sous le harnois dégainent leur poignard de SA bien graissé. Ils veuillent me tailler sur le patron de l'individu sans patrie usuel, du communiste. Et peut-être vont-ils remercier de leur assistance militante les sociaux-démocrates que j'aime tant ; mais ce qui compte pour moi, c'est de répondre à la vieille question d'Ernst Moritz Arndt : « Qu'est la patrie de l'Allemand ? » Ce que nous en ferons. Quels biens nous mettons au sommet : les sentences du général de blindés Guderian ou les courageux propos du député social-démocrate au Reichstag Otto Wels (1933). Après tant de guerres perdues, après les victoires éclair et les batailles d'encerclement, après toute l'horreur dont nous sommes capables nous devrions enfin rendre les armes à la raison, à la mesure et à la force authentique de notre patrie : ce goût du savoir, jadis florissant, de plus en plus refoulé. Le choix nous appartient.

A New York, autour du 8 mai, j'ai vu à la télévision américaine des extraits du défilé militaire de Berlin-Est. Le satellite *Telstar Early Bird* le rendait possible. Elle défilait là-bas, la Volksarmee, une-deux, une-deux, saccadée, comme une mécanique. Un à-la-manière de la Prusse. Le despotat d'Ulbricht reprenait sans pudeur une tradition corrompue. Épouvantable, amusant aussi, comme tout pouvoir de baudruche, ça défilait. En somme : un mirage qui faisait oublier que cet État qui voudrait être se nomme « camp de la paix ». Par ta barbe, ô grand Marx ! Dans quelle prison te faudrait-il croupir aujourd'hui ?

Vingt ans après la capitulation sans condition d'un pays qui s'était nommé Grande-Allemagne, je me trouvais à New York, à l'hôtel, devant l'écran témoin du même chiqué claqueur de bottes, dit pas de parade, qui avait dicté son rythme à ma jeunesse. (Cela aussi, c'est la patrie de l'Allemand, mais n'est-ce que cela ?) Quand on vit à Berlin, on sait que la majorité de nos compatriotes de la RDA vit à l'écart de cette variante prusso-stalinienne du pas piqué. A l'automne de l'an dernier, je fus quelques jours à Weimar. Ne parlons pas du ridicule congrès qui s'y tenait et prétendait maintenir en vie le traditionnel marxisme vulgaire. Mais dans les pauses, dès qu'il ne s'agissait plus de défendre Kafka, Joyce et, comme M. Ehrard aimait récemment à le dire, notre « art dégénéré » contre des militants professionnels en pied-de-poule, et donc la piétaille panallemande, je saisis les occasions pour regarder alentour.

Quiconque a des oreilles écoute ! Il est midi moins cinq. Nos compatriotes, réduits en frères et en sœurs par les orateurs dominicaux, sont prêts à nous éliminer. Ils savent tout. Ils écoutent les radios de l'Ouest. Notre phraséologie usuelle depuis « le projet panallemand » jusqu'aux solennels lieux communs du 17 juin et où la citation conservatoire de notre poème d'Arndt : « Ce doit être toute l'Allemagne ! » leur a cassé les oreilles. Sans détours, et sans camoufler la consonance légèrement méprisante, quatorze ans de politique ouest-allemande de réunification sont résumés avec un réalisme drastique. J'entendais dire : « Votre Adenauer, il savait bien ce qu'il faisait. La réunification n'était pas dans le sac. Ça aurait signifié un gouvernement panallemand socialiste. Et puis nous ne sommes pas catholiques. » On peut à loisir affiner et ramifier cette phrase, considérer les SI et MAIS ; de même la responsabilité se laisse inscrire à volonté soit au compte des Alliés ou à celui des méchants Russes ; mais si on en a assez de l'auto-illusion, si, armé de raison et d'une mémoire sans erreur, on est prêt à faire l'inventaire et que, fidèle à notre mot d'ordre, on pose la question « Qu'est la patrie de l'Allemand ? », on discernera sur-le-champ que les mêmes crieurs et croisés qui veulent rapatrier dans le Reich le pays sudète et Gleiwitz ont pratiqué non sans adresse le véritable bradage de notre patrie, l'abandon masqué de Dresde et de Magdebourg, de Weimar et de Rostock.

Regardons en arrière : les 16 et 17 juin 1953 a lieu à Berlin-Est et dans la zone d'occupation soviétique un soulèvement ouvrier allemand qui, à son paroxysme, au début dans l'avenue Staline comme dans son échec, portait la marque social-démocrate et fit vaciller, ne fût-ce que pour quelques heures, la dictature de Walter Ulbricht. Cette insurrection ouvrière a été travestie par le gouvernement de la RDA en tentative de putsch fasciste, et du côté ouest-allemand en soulèvement populaire, bien qu'il soit aisé de démontrer que la bourgeoisie et les paysans, les employés et les intellectuels, sauf de louables exceptions, sont restés chez eux. Ce sont des ouvriers allemands qui ont donné le branle : des ouvriers de Henningsdorf, Buna, Leuna, Halle et Merseburg assumèrent le risque, et nous n'eûmes plus qu'à ramener leur action désespérée, émouvante, et, tout compte fait, maladroite, au niveau d'un jour férié. Cela aussi, c'est la patrie de l'Allemand : ce moment de deux jours de vérité et le mensonge engraissé sans relâche douze ans durant. Où est la jeunesse, et où ma génération brûlée qui devrait mieux savoir où ils sont, ceux qui ne se sont pas sans réagir laissé gaver de cette bouillie ? Ne dites pas que c'était nouveau pour nous. Nous n'en savions rien. Lecteurs du *Spiegel* et de *Pardon,* abonnés à *Konkret* et à *Civis,* étudiants incorporés et non incorporés, ne haussez pas les épaules : « C'est la même chose, soulèvement ouvrier et populaire ; ça n'a servi à rien. » Nos compatriotes prêts à vous accuser ne vous acquitteront pas si facilement d'autant que pourrait être à l'écoute quiconque n'a pas les oreilles pleines de chiffres du Toto, de projets de vacances et du slogan : « Plus d'expériences. »

Un député berlinois au Bundestag encore relativement inconnu en juin 1953, Willy Brandt, quand le 17 juin fut déclaré « jour de l'Unité allemande », a tenu des propos sévères. Willy Brandt, le premier, a mis en garde contre la falsification de l'insurrection ouvrière. Permettez-moi de citer un assez long passage de ce grand et toujours valable discours. Brandt a dit : « Croire aujourd'hui encore pouvoir mettre en cause la validité démocratique et nationale du mouvement ouvrier allemand et de la social-démocratie allemande, c'est prendre de ce fait la responsabilité d'une scission renouvelée, supplémentaire de notre peuple.

« Les illusions de politique étrangère des années qui sont derrière nous et le manque de réalisme étaient le fait de ceux qui n'avaient pas envisagé les négociations entre l'Ouest et l'Est. D'ailleurs, nous voyons toujours le danger majeur dans le fait que les puissances, jusqu'à nouvel ordre, ne négocient pas une solution de la question allemande. La politique allemande ne doit rien faire qui puisse accroître ce danger.

« Il n'y a pas d'autre solution que la solution pratique de la question allemande. Nous exigeons plus d'activité, plus de réalisme, plus de résolution dans la lutte pour l'unité allemande dans la paix et la liberté. »

Ainsi parla en son temps le député inconnu, ainsi parle encore aujourd'hui le bourgmestre-gouverneur Willy Brandt. En son temps, il parlait en l'air. Sera-t-il entendu aujourd'hui ? En son temps, les manœuvres de politique partisane et la crainte des communistes agrandissaient les œillères. Sommes-nous prêts aujourd'hui, partant de la force de notre Constitution démocratique, à rencontrer, en adultes enfin conscients de leur valeur, en des négociations marathon et menées pas à pas, l'adversaire politique, ou bien faut-il que pour d'ultérieures décennies la Bundeswehr et la Volksarmee, dernier mot de la sagesse, se regardent en chiens de faïence ? Les élections au Bundestag du 19 septembre répondront ce qu'est aujourd'hui et que sera demain la patrie de l'Allemand. Nos compatriotes dont Ulbricht est encore en mesure de confisquer le droit de libre suffrage nous regarderont procéder à ce scrutin. Quiconque, pour quelque scrupule, hésiterait à user de son droit de vote, veuille considérer combien des ouvriers qui, en juin 1953, s'élevaient contre l'injustice et la dictature seraient prêts à voter à sa place. Ne traitez pas à la légère ce droit de vote si chèrement acheté.

J'ai élaboré ce discours au début de juin en Amérique. Là-bas, sur tel ou tel campus universitaire américain, lors des réceptions usuelles, des conversations tenues dans les halls d'hôtel, partout où je rencontrais des émigrés allemands, revenait en force ce grotesque poème scolaire que nous devons à Ernst Moritz Arndt. Eux aussi, les offensés et les aigris, les silencieux à qui 33 a coupé la parole, les timides qui ont perdu leurs mots au fil des années, les vieux professeurs qui demandaient où en sont Göttingen et Heidelberg, les négociants qui aiment encore Francfort et Leipzig, tous ceux qui nous manquent aujourd'hui habitent une province sans limites, car vaste à la taille du monde, qui douloureusement et souvent à contrecœur est la patrie de l'Allemand.

Ces dernières années, l'émigration allemande, ne serait-ce que pour discréditer Willy Brandt, a été assez souvent couverte d'un opprobre que la coalition Kapfinger-Strauss a fourni gratuitement à tous les intéressés, y compris notre vétéran de chancelier fédéral. Si cette province spirituelle de l'immigration allemande ne doit pas être perdue pour notre patrie, les citoyens de la République fédérale et surtout la jeunesse devront mettre en panne cette arroseuse survivant à Joseph Goebbels. Aujourd'hui encore, parler d'« art dégénéré », monsieur Ehrard, c'est souffleter encore une fois les peintres, écrivains et compositeurs tant morts que survivants dans le pays et en émigration. Paul Klee et Max Beckmann, Alban Berg et Kurt Weill, Alfred Döblin et Else Lasker-Schüler ont, monsieur Ehrard, été chassés de notre pays au nom de la formule que vous copiez et, de ce fait, par une irresponsabilité double. S'il est vrai que vous n'avez pas le don de clairvoyance et de sens artistique, la simple décence devrait vous retenir d'employer le langage des nationaux-socialistes car il est bien certain qu'avec « jusqu'au bout » et « l'extirper », avec ces monstres langagiers que sont « populiste » et « dégénéré », ce langage qui nous a légué un bilan qui nous accable encore aujourd'hui ne doit pas ou plus jamais être la patrie de l'Allemand.

Tentons avec moi un ultime essai de répondre à la question d'Ernst Moritz Arndt. A New York, et appelant de mes vœux cette province de l'émigration allemande que j'aimerais annexer à la patrie allemande, j'ai écrit l'« Élégie transatlantique ».

Sourire de rigueur, et le succès, comme un petit chien, toujours au pied.

Parcourant le pays de Walt Whitman avec un léger bagage
Flottant libre entre des conférences, porté par le flot du
discours
Mais, pendant les pauses, tant que la glace en cubes
s'exprime en cliquetis dans les verres,
cela te touche et dit ton nom.
A New Haven, à Cincinnati, questions d'émigrés
qui jadis, quand émigra notre esprit,
ne purent rien emporter que la langue
et continuent, façon souabe, saxonne ou hessoise,
dans la bonne humeur, caressant chaque mot,
la multitude de la langue,
à Washington et à New York ils me questionnaient
tout en réchauffant le whisky dans leurs mains.
C'est comment, là-bas ?
Est-ce qu'on dit toujours ?
Et notre jeunesse ?
Sait-elle ? Veut-elle ? On en parle si peu.
  La timidité traînait ces questions en longueur
  et ils se remémoraient avec prudence
  comme s'ils voulaient ménager quelqu'un :
Doit-on rentrer ?
Y a-t-il encore place pour nous autres ?
Est-ce que mon allemand – il est à l'ancienne, je sais –
ne trahit pas tous ceux qui si longtemps... ?
  Et je répondais, réchauffant le whisky :
Ça va mieux
Nous avons une bonne Constitution
Maintenant, enfin, une génération bouge.
Bientôt, en septembre, on vote.
  Et quand j'étais à court de paroles

179

ils m'aidaient
de leur langage
émigré avec eux, resté beau.
Oyez la légende de l'autre rive :
Il était une fois un bibliothécaire dix fois centuple
qui conservait l'héritage
de ceux dont on avait brûlé les livres autrefois.
Son sourire était conservateur, et il me souhaita bonne
chance pour septembre.

Discours prononcé durant la campagne pour
les élections fédérales de 1965.

Triangle ferroviaire

Les femmes de ménage vont d'est en ouest.
Non, homme, reste ici, que veux-tu donc en face ;
Traverse, homme, que veux-tu ici.

Triangle ferroviaire, où
l'araignée qui pose les rails
établit sa demeure et pose les rails.

Elle lance ses ponts sans discontinuer
et resserre elle-même les boulons
lorsque, à force de passages, les rivets se desserrent.

Nous voyageons souvent et montrons aux amis,
Ici, c'est le triangle ferroviaire, descendons
et comptons du doigt les rails.

Les aiguillages attirent, les femmes de ménage passent,
le feu arrière me vise, pourtant l'araignée
capture les mouches et laisse passer les femmes de ménage.

Nous fixons d'un œil crédule la glande
et lisons ce qu'écrit la glande :
Triangle ferroviaire, vous quittez dès maintenant
le triangle ferroviaire et le secteur occidental.

1960.

Lettre ouverte
à Anna Seghers

Berlin, le 14 août 1961

A la présidente de la Fédération
des écrivains de la RDA

Chère Anna Seghers,
Quand hier je fus réveillé par une de ces actions sou-
daines qui nous sont si familières et si quotidiennes à nous
autres Allemands, avec accompagnement de blindés,
commentaires radiophoniques et l'obligatoire symphonie de
Beethoven, quand je ne voulais pas croire ce qu'un poste
de radio me servait au petit déjeuner, je pris le métro
jusqu'à la gare de Friedrichstrasse, allai à pied à la porte
de Brandebourg et me vis face aux attributs indiscutables
de la force brute et pourtant puant le cuir de porc. J'ai,
dès que je me trouve en danger – souvent par un excès de
peur, comme tous les chats échaudés –, tendance à crier à
l'aide. J'explorai ma tête et mon cœur, cherchant des noms,
des noms secourables ; et votre nom, chère Anna Seghers,
devint le brin de paille où je m'accroche sans vouloir le
lâcher.

C'est vous qui enseignâtes à ma génération ou à quiconque a une oreille, après cette inoubliable guerre, à
distinguer le juste de l'injuste ; votre livre, *La Septième
Croix,* m'a formé, a aiguisé mon regard et me permet
aujourd'hui d'identifier les Globke et les Schröder sous tout
déguisement, soit d'humanistes, soit de chrétiens ou d'ac-
tivistes. L'angoisse de votre Georg Heisler m'a gagné définitivement ; seulement, aujourd'hui, le commandant du
camp de concentration ne s'appelle plus Fahrenberg, il
s'appelle Walter Ulbricht et préside à votre État. Je ne
suis pas Klaus Mann et votre esprit est opposé à celui du
fasciste Gottfried Benn ; pourtant, j'invoque, avec l'arrogance propre à ma génération, la lettre que Klaus Mann,
le 9 mai 1933, adressait à Gottfried Benn. Pour vous et
pour moi, je fais du 9 mai des deux défunts un 14 août
1961 vivant : il ne se peut que vous qui à ce jour êtes pour
bien des gens le symbole de toute rébellion contre la
violence versiez dans l'irrationalisme d'un Gottfried Benn
et vous mépreniez sur l'acte de violence d'une dictature
qui laborieusement, mais non sans habileté, s'est drapée
dans votre rêve de socialisme et de communisme que je ne
partage pas, mais respecte comme n'importe quel rêve.

Ne me renvoyez pas à l'avenir qui, comme vous le savez
étant écrivain, célèbre à tout instant sa résurrection dans
le passé ; restons-en à l'aujourd'hui, au 14 août 1961.
Aujourd'hui les cauchemars sous forme de blindés occupent
la Leipziger Strasse, interdisent tout sommeil et menacent
des citoyens en voulant protéger des citoyens. Aujourd'hui,
il y a danger à vivre dans votre État, il est impossible de
sortir de votre État. Aujourd'hui – et c'est à juste titre que
vous le montrez du doigt – un Schröder, ministre de

l'Intérieur, bricole son jouet favori : la loi d'exception. Aujourd'hui – le *Spiegel* nous a informés – on prépare à Deggendorf (Basse-Bavière) des journées catholico-antisémites. De cet aujourd'hui, je veux faire notre journée ; vous pouvez, faible ou forte femme, charger votre voix et parler contre les blindés, contre l'identique fil de fer barbelé que sans trêve produit l'Allemagne ; quant à moi, je ne me lasserai pas de parler en direction de l'Ouest ; je compte me rendre à Deggendorf en Basse-Bavière et cracherai dans une église qui a porté sur l'autel l'antisémitisme en peinture.

Cette lettre, chère Anna Seghers, doit être une « lettre ouverte ». Je vous envoie l'original aux bons soins de la Fédération des écrivains de Berlin-Est. J'en envoie une frappe avec prière de publier au quotidien *Neues Deutschland,* une seconde à l'hebdomadaire *Die Zeit.*

Cherchant votre aide
je vous salue,

GÜNTER GRASS.

Die Zeit, Hambourg, 18 août 1961.

Il était une fois un *Land*...

Il était une fois un *Land* qui s'appelait *deutsch*.
Il était beau, vallonné et plat
et ne savait que faire de soi.
Alors il fit une guerre parce qu'il voulait
être partout dans le monde et en fut rapetissé.
Alors il se donna à une idée qui portait des bottes,
partit bottée en guerre pour voir le monde,
rentra dans ses foyers en bottes, fit la sotte et se tut,
comme si elle avait porté des pantoufles de feutre,
comme s'il n'y avait rien eu de mal à regarder dehors.
Mais, la lisant à l'envers, l'idée bottée pouvait
être qualifiée crime : tant de morts.
Alors le *Land* qui s'appelait *deutsch* fut partagé.
Désormais il eut deux noms et,
toujours aussi vallonné, toujours aussi plat,
ne savait toujours pas que faire de soi.
Après un temps de réflexion, s'offrit des deux côtés
pour une troisième guerre.
Depuis, plus un mot de mort, paix sur la terre.

La Ratte, Paris, Le Seuil, 1987.

Bibliographie

1. « Was rede ich. Wer hört noch zu » (A quoi bon parler dans le désert), dans *Die Zeit*, 11 mai 1990.
2. « Schreiben nach Auschwitz » (Écrire après Auschwitz), d'abord dans *Die Zeit*, 13 février 1990.
3. « Kurze Rede eines vaterlandslosen gesellen » (Bref discours d'un individu sans patrie), dans *Die Zeit*, 7 février 1990.
4. « Lastenausgleich » (Péréquation des charges), discours devant le congrès du Parti social-démocrate d'Allemagne (SPD), Berlin, le 18 décembre 1989, d'abord dans *Frankfurter Rundschau*, Francfort, 19 décembre 1989.
5. « Viel Gefühl, wenig Bewußtsein » (Beaucoup de sentiment, peu de conscience), interview d'abord dans *Der Spiegel*, nᵒ 47, Hambourg, 20 novembre 1989.
6. « Scham und Schande » (Honte et déshonneur), discours lors du 50ᵉ anniversaire de la déclaration de guerre, d'abord dans *Süddeutsche Zeitung*, Munich, 2 septembre 1989.
7. « Die Zwiemacht aus Zwietracht » (Double pouvoir né de double jeu), dans *Die Rättin*, Darmstadt et Neuwied, 1986. Cf. *La Ratte*, Paris, Le Seuil, 1987, p. 96.
8. « Nachdenken über Deutschland » (Réflexions sur l'Allemagne). Stefan Heym et Günter Grass discutent le 21 novembre 1984 à Bruxelles (à l'occasion des vingt-cinq ans de l'Institut Goethe de Bruxelles). *In extenso* d'abord dans *Berlin Brüssel*, 1984.
9. « Nationalstiftung » (Fondation nationale), dans *Kopfgeburten oder die Deutschen sterben aus*, Darmstadt et Neuwied, 1980. Cf. *Les Enfants par la tête*, Paris, Le Seuil, 1983, p. 129 *sq.*
10. « Sieben Thesen zum demokratischen Sozialismus » (Sept

thèses sur le socialisme démocratique), discours à Bièvres le 24 février 1974 lors d'un colloque international sur « L'expérience tchécoslovaque », d'abord dans *Werkausgabe* in zehn Bänden, éd. par Volker Neuhaus, t. IX, Darmstadt et Neuwied, 1987 ; notes dans t. IX, p. 943 *sq.*

11. « Deutschland – zwei Staaten – eine Nation ? » (L'Allemagne : deux États – une nation ?), discours dans un séminaire de la Fondation Fritz-Ebert, à Bergneustadt, le 23 mai 1970, d'abord dans *Die neue Gesellschaft,* Bonn, juillet/août 1970, également dans *Werkausgabe* in zehn Bänden, a. l.

12. « Was Erfurt außerdem bedeutet » (Ce qu'Erfurt signifie en plus), discours le 1er Mai 1970 à Baden-Baden, d'abord dans *Vorwärts,* Bonn, 11 mai 1970 ; aussi dans *Werkausgabe* in zehn Bänden, a. l.

13. « Gesamtdeutscher März » (Mars panallemand), d'abord dans *Plädoyer für eine neue Regierung oder keine Alternative,* éd. par Hans Werner Richter, Hambourg, 1965 ; aussi dans *Ausgefragt. Gedichte und Zeichnungen,* Neuwied et Berlin, 1967.

14. « Die kommunizierende Mehrzahl » (La multiplicité communiante), discours devant le Club de la presse de Bonn le 29 mai 1967 sous le titre « Sollen die Deutschen eine Nation bilden ? », d'abord dans *Süddeutsche Zeitung,* Munich, 29 mai 1967 ; aussi dans *Werkausgabe* in zehn Bänden, a.l. Cf. *Évidences politiques,* Paris, Le Seuil, 1969, p. 173.

15. « Was ist des Deutschen Vaterland ? » (Qu'est la patrie de l'Allemand ?), discours lors de la campagne des élections fédérales de 1965, publié d'abord isolément : Neuwied et Berlin, 1965, puis dans *Werkausgabe* in zehn Bänden, a.l.

16. « Gleisdreieck » (Triangle ferroviaire), d'abord dans *Forum Akademikum. Zeitschrift für die Heidelberger Studenten,* 11e année, fasc. 3, 1960, et dans *Gleisdreieck,* Darmstadt et Neuwied, 1960.

17. « Offener Brief an Anna Seghers » (Lettre ouverte à Anna Seghers datée du 14 août 1961 à la présidente de la Fédération des écrivains de RDA), sous le titre « Und was können die Schrifsteller tun ? », d'abord dans *Die Zeit,* Hambourg, 18 août 1961, de même dans *Werkausgabe* in zehn Bänden, a.l.

18. « Es war einmal ein Land » (Il était une fois un *Land*), dans *Die Rättin,* Darmstadt et Neuwied, 1986. Cf. *La Ratte,* Paris, Le Seuil, 1987, p. 96.

Table

CET OUVRAGE A ÉTÉ COMPOSÉ ET ACHEVÉ D'IMPRIMER
SUR ROTO-PAGE PAR L'IMPRIMERIE FLOCH À MAYENNE
DÉPÔT LÉGAL : OCTOBRE 1990. No 12339 (29670)